Ayya Khema

Unsere Umwelt als Spiegel

Ayya Khema

Unsere Umwelt als Spiegel

Der Weg des Buddha
zur Selbsterkenntnis

JhanaVerlag

Jhana Verlag im Buddha-Haus
www.jhanaverlag.de oder www.buddha-haus.de

Wir danken Herrn Kurt Onken für die freundliche Genehmigung, den Vortrag „Ferien vom Ich“, der bereits 1984 in der Schriftenreihe „Bodhi-Blätter“ erschienen ist, abdrucken zu dürfen. Titel der englischen Originalfassung: „Meditating on No-Self“ übersetzt von Herrn Kurt Onken.

Bibliografische Information der Deutschen Bibliothek
Die Deutsche Bibliothek verzeichnet diese Publikation in der Deutschen Nationalbibliografie; detaillierte bibliografische Daten sind im Internet über http://dnb.ddb.de abrufbar

ISBN 978-3-931274-65-8

5. Auflage 2024
Ersetzt die Hardcover-Ausgabe von 1999 (ISBN 978-3-931274-18-4)

Korrektorat: Bärbel Wildgruber
Titelfoto und Umschlag: Bettina Lindenberg
Satz und Layout: Claudia Wildgruber
Druck: Druckerei Steinmeier GmbH & Co. KG, Deiningen

Inhalt

Vorwort

Die in diesem Büchlein enthaltenen Vorträge wurden in Asien und Europa zu verschiedenen Zeiten und vor vollkommen unterschiedlichen Menschen gehalten.

Wir haben sie ausgesucht, weil wir denken, dass sie jedem etwas Nützliches und Hilfreiches vermitteln können.

Des Buddhas Lehre ist pragmatisch, leicht verständlich, alltagsbezogen und zugleich inspirierend und beglückend.

Wenn dieses Büchlein das Herz einiger Menschen erreicht und dort ein Heim findet, so sind wir, die daran gearbeitet haben, glücklich.

Ayya Khema
Buddha-Haus im Allgäu
August 1991

Zwei Möglichkeiten der Spiegelung

Im Allgemeinen betrachten wir die Welt, wie aus einem Fenster – ein inneres Wesen, das durch unsere Augen hinausschaut und die Welt beobachtet. Und für gewöhnlich empfinden wir mehr als die Hälfte dessen, was wir sehen, als unzufriedenstellend und verurteilen es. Dies ist eine Art und Weise zu leben, die nie wirklich Glück und Frieden bringen kann.

Wenn wir uns nicht einmal bemühen zu erkennen, dass das nicht der Weg zum Glück ist, werden wir immer wieder aus diesem Fenster hinausschauen und sagen, was alles nicht in Ordnung ist, welche Menschen nicht gut sind, was einem nicht passt und was man gern anders hätte. Dann versuchen wir äußerlich irgendetwas zu verändern: neue Partner, neue Lehrer, neue Hobbys, neue Meditation, neue Diät, neuer Wohnort – aber all dies nützt nichts. Es ist ja immer wieder dasselbe Fenster und dieselbe Aussicht. Auf diese Weise kann unser Leben nicht in Ordnung kommen.

Was sich im Außen abspielt, kann man nur wirkungsvoll

verwenden, wenn wir die Welt als einen Spiegel benutzen. Schauen wir aus dem Fenster, so vergessen wir uns und sehen nur die Landschaft und beurteilen diese. Wenn wir in einen Spiegel schauen, dann sehen wir uns selbst.

Betrachten wir andere Menschen als unser eigenes Spiegelbild, dann wird uns ganz klar, dass wir in jedem anderen nur das erkennen können, was wir in uns selbst schon gefunden haben. Alles andere ist uns vollkommen verschlossen. Deswegen sagt man: „Nur ein Buddha kann einen Buddha erkennen.“ Wir wüssten ja gar nicht, wer ein Buddha ist, weil wir nicht wissen, wie sich das anfühlt. Daher können wir ganz gut erkennen, wenn wir mit Ärger konfrontiert sind, denn wir wissen genau, wie sich das anfühlt. Auch können wir ganz gut erkennen, wenn ein Mensch vor uns steht, der Emotionen und Reaktionen hat, die uns bekannt sind. Das heißt also, er zeigt uns nichts anderes als das, was wir in uns haben, spielt es uns sozusagen vor, damit wir einmal wirklich erfahren, wie es sich anfühlt, wenn wir dasselbe tun. Nur so ist es möglich, sich das Betrachten der Umwelt zunutze zu machen. Wir wissen dann, dass dieser ärgerliche, unzufriedene, ablehnende, dieser aufgeregte, stolze oder neidische Mensch ja nichts weiter tut, als uns ein kleines Theaterspiel vorzuspielen, in das auch wir ständig verwickelt sind. Nun dürfen wir einmal ein paar Minuten der Zuschauer sein und können eigentlich nur dankbar sein, dass dieser Mensch uns zur Selbsterkenntnis verhilft.

Wird man selbst ärgerlich, dann ist man wieder nur mit der „Fensterschau" beschäftigt und nutzt das, was um einen herum geschieht nicht als eine Lernsituation. Benutzen wir dieses Leben von morgens bis abends nicht zum Lernen, dann verschwenden wir unsere Zeit. Dabei handelt es sich nicht darum, das zu lernen, was in Büchern steht oder was auf Hochschulen und Universitäten gelehrt wird, sondern darum, unsere eigenen Instinkte und Impulse beherrschen zu lernen, sodass Glück und Frieden in uns einziehen. Der Buddha hat Selbstkontrolle und Selbstdisziplin als die wichtigste Eigenschaft bezeichnet, die wir in uns entwickeln können, um alle anderen guten Eigenschaften in uns hochzubringen.

Wenn wir andere Menschen als Spiegelbild benutzen, dann wird uns sehr schnell klar, dass unsere Reaktionen nur von uns selbst abhängig sind, nicht von jemand anderem. Mit unseren Reaktionen machen wir *Karma*, dessen Eigentümer wir sind. Was wir als Ursache hervorrufen, werden wir als Wirkung erfahren.

Wir können zum Beispiel jeden Morgen beim Aufwachen versuchen, dankbar zu sein, dass wir wieder einen Tag mit Gesundheit und materiellem Wohlstand vor uns haben, der uns dazu dienen kann, Neues über uns selbst zu erfahren. Anstatt aufzuwachen und zu denken: „Muss ich denn jetzt schon aufstehen und die viele Arbeit verrichten und mich wieder mit diesen unangenehmen Leuten abgeben?“ Unsere Dankbarkeit färbt auf den ganzen Tagesablauf ab. Vor uns liegt ein Tag, der vieles bringen kann. Ob dies gut oder schlecht für uns ist, hängt nur von unseren eigenen Reaktionen, Urteilen und Vorurteilen ab. Diese können aber nicht auf einer fundamentalen Wahrheit beruhen, denn die muss ja erst einmal erkannt werden. In der relativen Wahrheit, in der wir leben, sind wir ständig damit beschäftigt das „Ich“ zu beschützen und dafür zu sorgen, dass es alles bekommt, was es haben will, damit es sich komfortabel und sicher anfühlt.

Auf dieser relativen Ebene bestehen „ich“ und „du“, „ihr“ und „wir“, „gut“ und „schlecht“, „morgen“ und „gestern“, „haben“ und „nichthaben“, „wollen“ und „ablehnen“. Wenn wir jetzt nicht einmal versuchen, etwas anderes zu verstehen und kennenzulernen, tiefer einzudringen in universelle Wahrheiten und Begebenheiten, so werden wir nie das Glück finden, das wir alle suchen. Wir glauben, das Glück sei von äußerlichen Dingen abhängig. Denkt man aber darüber eine Sekunde nach, so wird man sofort erkennen können, dass das absurd sein muss. Was gibt es denn da draußen, das uns tiefes Glück geben könnte? Irgendeinen Menschen? Ist er beständig? Hat er immer dieselben Gefühle, Gedanken und Reaktionen? Oder ändert er sich andauernd? Ist er nicht auch dem Tod unterworfen? Gibt es irgendeine Situation, eine Erfahrung oder etwas, was wir sehen, hören, riechen, schmecken oder denken, das uns vollkommenes Glück geben könnte? Wo ist dies zu finden? Und doch läuft die ganze Welt dem hinterher, wie dem Goldschatz, der am Ende des Regenbogens existieren soll. Läuft man einem Regenbogen hinterher, wird man wohl eines Tages merken, dass man ihn nie erreicht.

Außerdem ist ein Regenbogen eine äußerliche Manifestation, und Glück und Frieden sind innere Gefühle, die nicht von außen hineinkommen können, die man in sich nur selbst entwickeln kann. Wenn man das nicht tut und nicht kann, dann wird man wohl unglücklich und unzufrieden bleiben. Ein anderer kann noch so nett und lieb sein und versuchen uns zu helfen, wenn wir uns nicht selbst bemühen, kommt das innere Glück nicht zustande. Ramana Maharshi, der ein erleuchteter Weiser im Süden Indiens war und vor ungefähr 35 Jahren starb, hat gesagt: „Glück und Frieden sind nicht unser Geburtsrecht. Diejenigen, die es erlangen, bekommen es durch ständige Anstrengung." Erlauben wir unserem Geist negative Richtungen einzuschlagen, so ernten wir nur unser eigenes negatives *Karma*. Statt diesen Zusammenhang zu erkennen, machen wir oft andere für unsere Reaktionen verantwortlich. Im Prinzip gibt es überhaupt keinen Schuldigen, weder uns selbst, noch andere.

Es handelt sich hier einzig und allein darum, den Geist zu trainieren und ihn nicht abrutschen zu lassen. Sobald man mit der Meditation anfängt, beginnt das Trainieren des Geistes. Will man körperlich etwas erreichen, vielleicht schnell laufen oder weit springen oder gut schwimmen oder Tennis spielen, so muss man dafür auch oft üben. Übt man die Meditation nicht ständig, wird es auch keinen trainierten Geist geben; er wird genauso diskursiv und reaktiv bleiben, wie er immer war.

Ein Mensch, der sich nicht ernsthaft bemüht, den Geist zu trainieren, wird nicht in der Lage sein, klar zu denken, weil er von seinen Emotionen, die den Sinneskontakten folgen, überschüttet wird. Sehen wir etwas, das wir nicht leiden können, dann haben wir ein unangenehmes Gefühl, und schon ist die Emotion des Ärgers, der Ablehnung, des Widerwillens da. Genauso geht es mit den anderen Sinneskontakten. Wenn wir etwas hören, was wir nicht gern haben, so entsteht ein unangenehmes Gefühl, und es folgt beleidigt sein, Feindschaft oder nicht leiden können. Und dieses Spielchen können wir natürlich immer wiederholen, Tag für Tag. Wir machen damit nur unser eigenes Leben und das Leben anderer schwierig. Die Menschen, mit denen wir zusammen sind, werden davon in Mitleidenschaft gezogen, und da sie ihren Geist auch noch nicht trainiert haben, reagieren sie natürlich ebenfalls negativ.

Nehmen wir einmal unseren Tagesablauf und damit unseren Geistesablauf in die Hand, dann können wir unsere Reaktionen allmählich ändern. Der erste Schritt dazu ist, sich bewusst zu machen, dass der Buddha gesagt hat, es sei ein seltener Glücksfall, als Mensch mit einem gesunden Körper und intakten Sinnen geboren zu sein; und auch noch die Möglichkeit zu haben, die wahre Lehre zu hören und zu praktizieren. Wenn man sich dies mindestens einmal am Tag vergegenwärtigt, dann wird es wohl kaum möglich sein, mit der eigenen Situation unzufrieden zu sein, sondern man kann nur Dankbarkeit empfinden. Vielleicht wird man dann auch erkennen, dass man selbst seines eigenen Glückes Schmied ist, indem man alles, was einem begegnet, als Lernsituation betrachtet.

Nun gibt es natürlich, genau wie in der Schule, Lernsituationen, denen man nicht gewachsen ist. Man fällt durch. Dann muss man es eben noch einmal machen, genau wie in der Schule. Wir sind alle schon viele Male durchgefallen und bekommen immer wieder dieselbe Situation vorgesetzt, bis wir das Examen bestehen. Solange wir die Lektion noch nicht erkannt haben, ist es natürlich schwieriger. Untersuchen wir aber unsere Reaktionen, dann haben wir eine Chance, den Lernsituationen wirklich gewachsen zu sein. Weichen wir ihnen aus, kommen sie später wieder. Es kann sein, dass wir in diesem Moment ausweichen müssen, weil wir einfach nicht damit fertig werden. Das bedeutet aber nicht, die Lernsituation zu tadeln und andere dafür verantwortlich zu machen, sondern wir akzeptieren es einfach als unsere eigene Schwäche. Wir haben noch nicht genug Liebe und Mitgefühl in uns selbst entwickeln können, unser Herz noch nicht genügend kultiviert, dass wir mit so einer schwierigen Situation fertig werden können; das ist alles. Das ist die Wahrheit, alles andere ist Fantasie.

Es ist kein anderer oder die Umwelt daran schuld. Einzig unsere fehlende Liebe, unser fehlendes Mitgefühl und Verständnis bringen uns immer wieder in Schwierigkeiten. Diese haben wir alle, und jeder kennt seine eigenen. Für jeden gibt es dieselbe Lösung, unsere Schwierigkeiten sind nichts anderes als ein Hilfsmittel zum Wachstum. Dann haben wir eine ganz andere Beziehung dazu und können sagen: „Es ist wohl gerade das, was ich zu meinem Wachstum gebraucht habe, sonst wäre es ja wohl nicht bei mir erschienen.“ In dem Moment ist dann die Schwierigkeit nichts weiter als eine Aufforderung zum Wachsen. Wir können sie auch als eine Herausforderung ansehen, unsere stärksten Kräfte zu aktivieren. Was uns täglich passiert und zwar alles, ohne Ausnahme, ist genau das, was wir zum Wachstum brauchen. Nur dazu dient es, sonst wäre es nicht passiert. Sollten wir damit nicht fertig werden, so ist das auch in Ordnung.

Unsere Umwelt können wir auf zwei Arten als Spiegel verwenden. Den ersten Weg habe ich bereits beschrieben. Es ist immer wieder zu erkennen, dass das, was wir in dem anderen sehen, nur das ist, was wir in uns schon kennen, und wir nichts weiter vorgespielt bekommen als ein kleines Theaterstück, in dem wir selbst der Hauptdarsteller sind. Wir glauben ja sowieso, dass alle anderen nur Nebenrollen haben.

Es gibt noch einen anderen Weg, die Umwelt als Spiegel zu benutzen. Und es ist sehr, sehr wichtig, auch diesen Weg zu gehen. Aber im Allgemeinen werden wir von unseren Emotionen derartig überschüttet, dass wir diesen Weg gar nicht gehen können, denn es ist der Weg der Einsicht. Die Emotionen, die uns überschütten, sind häufig so stark wie Wellen im Ozean, unter denen wir dann stehen und nur noch das Wasser sehen und nicht mehr den Meeresspiegel erkennen können. Erst wenn sich die Wellen wieder geglättet haben, und der Meeresspiegel wieder ruhig und sichtbar geworden ist, können wir versuchen, durch den Meeresspiegel in die Tiefe zu schauen. Dasselbe gilt für unsere Emotionen; wenn wir uns ärgern, oder etwas dringend begehren, so werden wir nichts als Ärger, Begehren, Unzufriedenheit oder Ablehnung erleben. Wir können nicht mehr das Ganze sehen, sondern nur noch einen Teil davon. Je mehr wir uns von unseren Reaktionen frei machen können, desto einfacher ist es, den Einsichtsweg zu beschreiten und die Umwelt als Spiegel der absoluten Wahrheit zu benutzen.

Das erste, was ich erklärt habe, ist relative Wahrheit. Der

andere ist ärgerlich, also sehe ich meinen eigenen Ärger. Wir können aber auch die absolute Wahrheit in unserer Umwelt erkennen, ob das andere Menschen sind oder ein Baum, Strauch, Blatt oder Grashalm – alles spiegelt Unbeständigkeit, Verfall, Krankheit und Tod wider, wir müssen nur hinschauen. Gewöhnlich haben wir die Tendenz, uns derart von der absoluten Wahrheit abzuschirmen, dass wir nur das sehen, was wir sehen wollen. Wenn wir eine Blume sehen, sehen wir entweder „hübsch" oder „hässlich", bei einem Baum sehen wir entweder „nützlich" oder „im Weg". Wenn wir einen Menschen sehen, so entscheiden wir entweder „netter Kerl" oder „unmöglich". Aber die Wirklichkeit schauen wir uns überhaupt nicht an, denn sie ist ganz anders. Die Wirklichkeit besteht erst einmal aus der Tatsache, dass alles, was entstanden ist, auch wieder vergehen muss. Sehen wir eine Blume, die hübsch ist, so ist sie wohl gerade im Entstehen oder in ihrer vollen Blüte, und wenn sie hässlich ist, dann ist sie im Verfall. Diesem Prozess sind wir ebenso unterworfen, nur mit einer längeren Zeitspanne.

Betrachten wir eine Blume, einen Baum oder irgendeine andere Naturerscheinung, dann sollten wir uns in diesen ewigen Wechsel miteinbeziehen. Der Tag weicht der Nacht, die Sonne dem Mond, die Sterne kommen und gehen, sind nicht mehr zu sehen, weil sich dieser Erdball die ganze Zeit dreht und bewegt, und sich das Universum ständig zusammenzieht und wieder ausdehnt. Wenn wir uns die Wahrheit anschauen, die in allem zu finden ist, und uns in diesen universellen Fluss der Dinge miteinbeziehen, dann bekommen wir eine andere Reaktion und ein anderes Gefühl für uns selbst und für die Welt um uns herum. Diese Welt spiegelt die ganze Zeit Unbeständigkeit, Verfall, Entstehen und Vergehen. Wir sind nicht nur ein Teil der Welt – jeder von uns ist die Welt. Ohne uns wäre überhaupt nichts erfassbar, denn es gäbe keinen, dem bewusst wäre, dass da eine Welt ist. Sehen wir die Bewegungen, das ständige Kommen und Gehen von allem, dann sind die momentanen Schwierigkeiten, denen jeder ausgesetzt ist, lange nicht mehr so belastend. Sie sind zwar noch genauso unangenehm, aber bestimmt nicht mehr so wichtig, denn sie fließen in demselben Fluss, in dem sich alles ständig verändert und wandelt.

Unsere Umwelt hat nur dann einen Sinn für uns, je weniger wir versuchen sie zu beherrschen, zu manipulieren oder als Zuschauer daneben zu stehen, sondern desto mehr wir uns mit einbeziehen, und sie als Spiegelbild unserer selbst betrachten. In der relativen Wirklichkeit sind andere Menschen unser Spiegel. In der absoluten Wirklichkeit beziehen wir die drei Daseinsmerkmale von allem Existierenden auf uns. Der Buddha lehrte als Erstes die Unbeständigkeit. Alles muss sich ändern und entschwinden durch Krankheit, Verfall und Tod. Natürlich, wenn diese Erkenntnis einem noch etwas fremd ist, muss man sie erst einmal untersuchen. Der Buddha hat nicht verlangt, dass man seinen Worten glaubt. Er hat verlangt, dass man genug Zutrauen hat, sie zu untersuchen, und selbst festzustellen, ob seine Erklärungen stimmen. Wir sollen nicht leichtfertig sagen: „Alles ist unbeständig." Das könnte jeder. Das hilft uns nicht weiter, denn dann kommt gleich der nächste Gedanke: „Alles ist wohl unbeständig, aber deswegen bin ich trotzdem unglücklich oder unzufrieden, ärgerlich oder wütend oder faul." Diese Unbeständigkeit muss uns etwas lehren, indem wir sie auf uns selbst beziehen. Tun wir das nicht, dann haben wir sie noch nicht erkannt.

Das zweite Daseinsmerkmal, die der Buddha lehrte, ist, dass in aller Existenz *Dukkha* enthalten ist. *Dukkha* ist jegliches Leid, jeder Schmerz, aber vor allem das Unerfülltsein, die Unzufriedenheit. Es ist die Unmöglichkeit, in der Welt die Erfüllung zu finden, die wir suchen. Warum? Weil alles sich ständig verändert und weil die Welt uns nicht geben kann, was sie nicht hat. *Dukkha* kennt jeder, nur nicht jeder gibt es zu. Die meisten Menschen glauben, dass jemand anderes es uns aus Unfreundlichkeit, aus Unverständnis, Faulheit oder Dummheit zugefügt hat. Manchmal glaubt man, es sei die Regierung, die Atombombe oder das Wetter, aber meistens sucht man sich einen persönlichen Sündenbock. Wir alle kennen *Dukkha*, aber wir lernen nichts daraus. Wir können alles, was um uns herum geschieht nach seinem *Dukkha*-Inhalt prüfen und als Lernsituation verstehen. Wir sollten nicht glauben, dass es irgendetwas gäbe, das uns speziell *Dukkha* machen will. Unsere eigenen Reaktionen entscheiden darüber, ob wir daran reifen, indem wir *Dukkha* als unseren Lehrmeister annehmen.

Der Buddha hat *Dukkha* sehr schön und ganz einfach formuliert, nur leider können sehr wenige Menschen etwas damit anfangen. Nach seiner Erleuchtung unter dem Bodhi-Baum im heutigen Bodhgaya im Norden Indiens hat der Buddha die vier Edlen Wahrheiten als die Essenz der menschlichen Existenz beschrieben. Die erste Edle Wahrheit ist, dass Existenz mit *Dukkha* angefüllt ist, und die zweite Edle Wahrheit erklärt, dass es nur einen einzigen Grund dafür gibt, nämlich das Begehren. Es ist so einfach, dass wir eigentlich innerhalb von ein paar Minuten sofort wissen müssten, wie wir unser ganzes *Dukkha* loswerden können. Dennoch erkennen es nur wenige. Begehren bedeutet etwas zu wollen, zu erreichen oder loszuwerden. In dem Moment, wo wir etwas wollen oder nicht wollen, ist *Dukkha* da. In dem Moment, wo wir loslassen, ist *Dukkha* weg. Wenn wir unsere Umwelt dazu benutzen, uns das zu zeigen, so haben wir es richtig angepackt.

Wir können *Dukkha* an unseren Reaktionen erkennen. Wenn wir etwas haben oder festhalten wollen, so erleben wir immer Angst. Wir fürchten, es nicht zu bekommen oder sollten wir es doch bekommen, es wieder zu verlieren. Wir brauchen eigentlich gar nichts anderes zu wissen, als die erste und zweite Edle Wahrheit und uns danach zu richten. Leider gibt es wenige Menschen auf der Welt, die sich überhaupt daran erinnern, auch wenn sie es schon hundert Mal gehört oder gelesen haben. Die Menschen, die sich eventuell noch an diese Wahrheit erinnern, vergessen meistens, sie zu praktizieren. So kommen immer wieder neue Wünsche, neue Ablehnungen, neues Wollen und neues *Dukkha*, und wir glauben immer wieder, dass wir schlecht behandelt worden sind oder besonderes Pech haben, oder dass wir die äußere Situation verändern müssen. Äußere Situationen sind natürlich veränderlich, aber wenn wir innen nichts ändern, dann nutzt es wenig.

Der spirituelle Weg ist der Weg nach innen. Dort ist alles zu finden, was wir brauchen. In uns selbst lebt tiefes Glück, vollkommener Frieden, absolute Reinheit, totale Liebe und Mitgefühl. Wir müssen nur das, was alles überdeckt, loslassen.

Die Schwierigkeit in der Meditation ist auch das Loslassen von dem, was ich denke, möchte, beurteile, verurteile, erkenne oder ablehne. Sollte die Meditation einmal ohne Denken vonstattengehen, kann man diesen inneren Glücks- und Friedensgefühlen näherkommen, sie erleben und einmal aus eigener Erfahrung erkennen, dass sie wirklich in uns sind. Dies ist das Trainieren des Geistes und das Kultivieren des Herzens.

Wollen wir unserem Herzen zum Wachstum verhelfen und ihm immer wieder die Aufgabe geben, geläuterter und liebevoller zu werden, so sieht unsere Umwelt ganz anders aus. Die Leute mögen alle dieselben sein, sie mögen dieselben Dummheiten machen, die sie immer gemacht haben – wir haben ja sowieso keine Möglichkeit, das zu ändern – wenn wir aber uns ändern, verändert sich die Welt. Es ist interessant und nachvollziehbar, wenn in uns selbst Liebe und Mitgefühl mehr kultiviert sind, dass dies automatisch einen Widerhall findet, gleich einem Echo. So ist es sehr schwierig, einem liebenden Menschen hasserfüllt gegenüber zu stehen, noch dazu einem Menschen, der sich von dem Hass überhaupt nicht beirren lässt, sondern weiter liebevoll ist. Das fällt jedem schwer.

Das heißt also, was wir in uns selbst kultivieren, das finden wir dann auch um uns herum. Wenn wir unsere Gedanken und unser Erkennen immer wieder in die Richtung bringen, wo wir absolute Wahrheit um uns herum sehen, nicht immer nur diese relative „Ich-Bezogenheit", dann ist es auch viel einfacher, geläuterte Reaktionen zu haben. Alles, was individuell und relativ ist, hat nicht mehr so viel Wichtigkeit, weil wir etwas Größeres, Universelles erkannt haben.

Die Meditation muss einem dazu verhelfen, die Lehre des Buddha tief zu durchdringen. Ohne Hilfe sind wenige Menschen in der Lage, solche tiefen Einsichten zu erlangen. Deshalb brauchen wir die Anweisungen eines spirituellen Pfades, in dem alles enthalten ist.

Liebende-Güte-Meditation
(Reinheit des Herzens)

Eine solche Meditation ist eine besonders gute Gelegenheit, einmal in uns selbst nachzuspüren, wie leicht oder wie schwer es uns fällt, Liebe zu empfinden und uns anderen zuzuwenden. Wie viele andere Emotionen eventuell noch hochkommen, die mit Liebe nichts zu tun haben; ob überhaupt Emotionen hochkommen, oder sich alles im Denken abspielt. Es ist wichtig, dies über uns selbst zu erfahren. Die Formel heißt: *Erkennen – nicht tadeln – ändern.*

Erkennen, wie es ist; da gibt es nichts zu tadeln, aber wenn es nicht glücklich macht, dann können wir versuchen, es zu ändern.

Auf dieser Reise nach innen, bei der wir einmal feststellen können, wie sehr die Umwelt uns selbst widerspiegelt, ist gerade die Möglichkeit des Erkennens der eigenen Fähigkeiten wichtig. Bei jeder Meditation sollte man ein paar Minuten am Anfang dazu verwenden, für sich selbst ein Gefühl der Liebe, Zufriedenheit, der Freude und der

Dankbarkeit hochkommen zu lassen. Dankbarkeit für die Möglichkeit, Meditation zu praktizieren, für die Menschen, die einem geholfen haben und die zu einem stehen, für das Glück, gesund genug zu sein, dies zu tun. Das hilft dem Geist, Freude zu empfinden, sich selbst liebevoll anzusehen, nicht verärgert oder ablehnend zu sein und keine Widerstände in sich aufzubauen. Sollte diese Meditation, die wir jetzt machen werden, nur bei den Gedanken bleiben und keinerlei Gefühle hervorrufen, so ist das kein Grund zur Trauer. Wo heute die Gedanken hingehen, werden die Gefühle eines Tages schon nachkommen. Es ist vor allen Dingen wichtig, die Gedanken absichtlich in die richtigen Bahnen zu leiten und zu erkennen, wie die heilsamen und unheilsamen Gedankengänge ablaufen.

Um anzufangen, richten wir unsere Achtsamkeit für ein paar Momente auf unseren Atem.

Jetzt schauen wir in das eigene Herz hinein und stellen fest, ob da irgendwelche Gefühle von Ärger, Ablehnung, Aufregung, Sorgen, Kummer, Widerwillen, Neid, Eifersucht, Zukunftspläne oder Vergangenheitserinnerungen zu finden sind. All diese lassen wir wie schwarze Wolken am Himmel vom Wind verwehen. Denn es sind ja nur dunkle Wolken im Gemüt, und sie haben absolut keine Realität.

~ ❁ ~

Dann schauen wir noch einmal in das eigene Herz hinein und finden in dem offenen Raum unseres Herzens Frieden und Liebe; Frieden als ein Gefühl der Sicherheit, des Sich-unantastbar-Fühlens; Liebe als ein Gefühl der Wärme, des Wohlwollens, der Zuneigung. Wir füllen uns mit dem Gefühl des Friedens von Kopf bis Fuß an; umhüllen uns mit dem Gefühl der Liebe, der Wärme und der Zuneigung und fühlen uns darin vollkommen sicher.

~ ❁ ~

Jetzt füllen wir denjenigen, der am nächsten von uns ist, mit Frieden an, umhüllen ihn mit Liebe, als ein Geschenk vom eigenen Herzen.

~ ❁ ~

Nun lassen wir den Frieden und die Liebe wachsen und füllen jeden Einzelnen, der anwesend ist, mit Frieden an, umhüllen ihn mit Liebe, als ein reines Geschenk, sodass sich jeder davon berührt fühlen kann.

~ ❁ ~

Jetzt denken wir an unsere Eltern, ob sie noch leben oder nicht, und geben auch ihnen dieses Geschenk von Frieden und Liebe, füllen sie an mit Frieden und umhüllen sie mit Liebe, sodass sie sich darin vollkommen geborgen fühlen können.

~ ❁ ~

Jetzt denken wir an unsere liebsten und nächsten Menschen, füllen auch sie an mit Frieden, umhüllen sie mit Liebe, als das schönste Geschenk, was wir ihnen geben können, ohne zu erwarten, das Gleiche zurückzubekommen.

~ ❁ ~

Wir denken an alle guten Freunde und geben auch diesen das Geschenk des Friedens und der Liebe, lassen es aus dem Herzen zu allen Freunden hinströmen; füllen sie mit dem Gefühl des Friedens und umhüllen sie mit dem Wärmegefühl der Liebe. Lassen sie teilhaben an der Lauterkeit unseres eigenen Herzens.

~ ❁ ~

Jetzt denken wir an Nachbarn, Arbeitskollegen und all die

Menschen, die man hier und dort einmal sieht, Verkäufer, Postboten – wo immer wir Menschen treffen. Wir lassen die Fülle des Friedens und der Liebe aus dem eigenen Herzen strömen, füllen sie damit an und umhüllen sie mit dem Geschenk unseres eigenen Herzens.

~ ❁ ~

Jetzt denken wir an irgendeinen Menschen, mit dem wir Schwierigkeiten haben. Vergeben und vergessen! Wir öffnen unser Herz auch für diesen Menschen, und füllen es an mit Frieden, mit Liebe, Wärme und Zuneigung. Ruhe und Stärke geben uns den inneren Frieden, Wärme und Zuneigung öffnen das Herz für Liebe.

~ ❁ ~

Nun öffnen wir unser Herz ganz weit und lassen den Frieden und die Liebe daraus fließen, wie einen goldenen Strom. Erst zu den Menschen, die in der Nähe sind, dann, je nachdem wieviel Kraft das Herz hat, immer weiter in die Ferne, zu den Menschen in den nächsten Ortschaften und weiter und weiter bis sich Liebe und Frieden über das ganze Land verteilen und viele Menschen davon berührt werden können, so weit wie dieser goldene Strom aus dem Herzen fließen kann. Weiter zu den Menschen und Lebewesen in den angrenzenden Ländern, in ganz Europa und dann über den ganzen Erdball, wo immer Lebewesen sind. Soweit unsere Kraft reicht, lassen wir Wärme, Zuneigung und Wohlwollen ausströmen, und Ruhe und Zufriedenheit fließen.

~ ☸ ~

Jetzt lassen wir Liebe und Frieden in das Weltall, zu der gesamten Schöpfung hinströmen, sodass nichts anderes im Herzen existiert als das Fühlen des Einsseins, das Lieben und der Frieden mit allem, was ist.

~ ☸ ~

Nun lenken wir die Achtsamkeit wieder auf uns selbst und lassen Freude hochkommen, Freude, die vom Lieben und dem inneren Frieden kommt. Wir füllen und umhüllen uns damit, sodass wir uns geborgen und unantastbar fühlen.

Mögen alle Menschen Frieden und Liebe
in ihren Herzen tragen!

Ferien vom Ich

In der Lehre des Buddha werden immer wieder die Wörter „Ich“ oder „Selbst“ und „Nicht-Ich“ oder „Nicht-Selbst“ verwendet. Wir sollten schon deshalb wissen, welche Bewandtnis dieses „Nicht-Ich“ (in der Pāli-Sprache *Anattā*) eigentlich hat, und würde es sich auch nur um eine Idee, eine Vorstellung handeln. Denn ohne Zweifel nimmt dieser Begriff in der Unterweisung des Buddha, des „Erwachten“, eine zentrale Bedeutung ein und ist im Vergleich zu den anderen Religionen einzigartig. Jedenfalls hat kein anderer Weisheitslehrer das Nicht-Ich in dieser Weise dargelegt. Und gerade weil er es in dieser Weise dargelegt hat, ist es überhaupt möglich, darüber zu sprechen. Freilich wurde über das Nicht-Ich, das *Anattā*, schon viel geschrieben, doch um es wirklich zu kennen, muss man es erleben, erfahren. Und eben dahin will ja die Lehre führen: zur Erfahrung des Nicht-Ichs.

Um allerdings dieses Nicht-Ich erfahren zu können, sollte man zunächst das, was man als Ich ansieht, vollauf begriffen haben, es wirklich kennen. Solange wir nämlich nicht wissen, was es mit diesem Selbst beziehungsweise diesem Ich eigentlich auf sich hat, werden wir unmöglich begreifen, was mit „da ist kein Ich" gemeint ist. Bevor wir etwas weggeben können, müssen wir es ja zunächst in den Händen haben.

Wir sind unentwegt bemüht, unser Ego zu unterstützen. Und das allein sollte uns zeigen, wie zerbrechlich dieses Ich eigentlich ist. Warum sonst müssen wir uns denn seiner immer wieder versichern? Weshalb sind wir in steter Sorge, unser Ich sei in seiner Existenz gefährdet und es fehle ihm etwas, was es zum Weiterleben benötigt? Wäre es das solide Ding, für das wir es halten, dann müssten wir uns doch nicht so oft bedroht fühlen.

Wir bestätigen das Ich immer wieder durch Identifikationen. Wir identifizieren uns mit einem bestimmten Namen, unserem Alter, Geschlecht, einer Fähigkeit, einer Beschäftigung. „Ich bin Anwalt, ich bin Arzt, ich bin Buchhalter, ich bin Student." Und wir identifizieren uns mit den Leuten, denen wir zugetan sind: „Ich bin ein Ehemann, ich bin eine Ehefrau, ich bin eine Mutter, ich bin eine Tochter, ich bin ein Sohn."

Natürlich müssen wir beim Sprechen das Ich in dieser

Weise benutzen. Aber wir tun es leider nicht nur in der Sprache. Wir denken wirklich, dass wir dieses Ich sind. Wir glauben fest daran. Wir lassen in unserem Geist gar keinen Zweifel aufkommen, dass wir dieses Ich sind. Wenn irgendeiner dieser Faktoren bedroht wird, wenn eine Mutter oder ein Anwalt oder ein Lehrer zu sein bedroht wird, oder wenn wir diejenigen verlieren, die uns das Ich zu bewahren ermöglichen – so ist das eine Tragödie! Die Selbst-Identifikation kommt ins Wanken, und das Ich hat Mühe, sich zu behaupten.

Auch Lob und Tadel sind Ich-Identifikationen: Lob bestätigt mich, Tadel stellt mich in Frage. Und so lieben wir Lob und können Tadel nicht leiden. Sofort ist das Ego gefährdet. Bei Ruhm und Verleumdung haben wir dasselbe Problem und bei Gewinn und Verlust auch. Gewinnen wir, wird das Ego größer; verlieren wir, schrumpft es ein. Und so befinden wir uns unentwegt in einem Dilemma und in ständiger Angst: Das Ego könnte ein kleines bisschen von seiner Größe verlieren, jemand könnte es ein wenig verkleinern. Und das passiert uns allen.

Dabei ist der Tadel, der uns trifft, nicht das eigentliche Problem. Das Problem ist unsere Reaktion darauf, zum Beispiel, dass wir uns kleiner fühlen. Das Ego hat nun alle Mühe, sich wieder Geltung zu verschaffen. Was wir zu diesem Zweck gewöhnlich tun ist ebenfalls zu tadeln, also das Ego des anderen gleichfalls etwas zu verkleinern.

Identifikation, mit dem was wir gerade tun und mit dem was wir besitzen, seien es Gegenstände oder Menschen, ist nun einmal, so glauben wir jedenfalls, für unser Weiterleben unerlässlich. Wenn wir uns nicht mit diesem oder jenem identifizieren, fühlen wir uns ohne Halt, frei schwebend. Das ist der Grund, weshalb es so schwer ist, in der Meditation das Denken abzustellen. Denn ohne Denken wäre da keine Identifikation. Womit soll ich mich identifizieren, wenn ich nicht denke? Wir glauben ja: „Ich denke, also bin ich!" Deshalb ist es so schwierig, in einen Zustand der Meditation zu gelangen, in dem es wirklich nichts mehr gibt, womit wir uns identifizieren könnten.

Auch Glück und Unglück kann eine Identifikation sein: „Ich bin glücklich." „Ich bin unglücklich." Weil wir auf das Weiterleben so erpicht sind, müssen wir uns immer weiter identifizieren. Wenn dieses Identifizieren zu einer Angelegenheit von Leben und Tod des Ego wird, – was es ja gewöhnlich ist – dann wird die Furcht vor dessen Verlust so groß, dass wir in einen dauernden Angstzustand geraten können. Wir sind unentwegt ängstlich, entweder die Besitztümer oder die Menschen zu verlieren, die uns zu dem machen, was wir sind. Wenn ich kein Kind habe oder wenn mein Kind stirbt, dann bin ich keine Mutter. Und so wird die Angst zum alles Beherrschenden. (Das Gleiche gilt für alle anderen Identifikationen.) Wahrhaftig kein friedvoller Lebenszustand! Und wer ist schuld daran? Nur und immer wieder nur das Ego, der Durst nach Sein.

Dieses Identifizieren läuft selbstverständlich auf den Durst nach Haben hinaus. Und Habenwollen ist Anhaften. Was wir haben, womit wir uns identifizieren, daran haften wir. Dieses Anhaften, dieses an etwas hängen, macht es äußerst schwer, einen freien und aufgeschlossenen Standpunkt zu haben. Vielleicht hängen wir nicht an Rennwagen oder Villen, vielleicht nicht einmal an Menschen, aber wir hängen bestimmt an unseren Ansichten und Meinungen. Wir hängen an unserer Weltsicht. Wir haften etwa an unserer Auffassung, wie man glücklich werden kann. Vielleicht hängen wir gar an einer bestimmten Vorstellung, wer die Welt erschaffen hat. Woran immer wir hängen, und wenn es die Art und Weise wäre, mit der die Regierung regieren sollte: All dies Anhängen macht es äußerst schwierig, die Dinge so zu sehen, wie sie wirklich sind, also vorurteilslos zu sein. Denn nur ein von Vorurteilen freier Geist kann überhaupt neue Ideen und neues Verständnis aufnehmen.

Der Erwachte hat die Verschiedenartigkeit von Zuhörern mit vier Tontöpfen verglichen. Der erste Topf hat Löcher in seinem Boden. Gießt man Wasser hinein, läuft es auch schon wieder aus. Mit anderen Worten: Was immer man dieser Art von Zuhörern lehrt, es ist nutzlos. Der zweite Topf hat Sprünge und Risse; füllt man ihn mit Wasser, so läuft es nicht gleich aus, aber es versickert langsam. Der diesem Topf entsprechende Zuhörer kann sich an nichts erinnern, er hat Risse in seinem Verständnis. Der dritte Zuhörer wird mit einem voll aufgefüllten Topf verglichen, in den man Wasser nicht einmal hineingießen kann; er ist so voller Ansichten, dass er nichts Neues mehr aufzunehmen vermag. Nun, wollen wir hoffen, dass wir von der Art des vierten Zuhörers sind, also ein leerer Topf ohne Löcher und Sprünge. Völlig leer!

Leider, wage ich zu behaupten, sind wir es nicht. Wir sind bestenfalls leer genug, um noch ein bisschen Neues aufnehmen zu können. Denn so ganz leer zu sein, auch von Ansichten und Meinungen, würde ja bedeuten, dass wir ohne jedes Anhaften sind. Sogar ohne Anhaften an das, was wir für die Wirklichkeit halten. Was immer wir dafür halten, ist es bestimmt nicht. Wäre es wirklich, könnten wir keinen einzigen Augenblick unglücklich sein. Wir würden ja nie den Mangel an irgendetwas fühlen. Auch keinen Mangel an Kameradschaft oder Besitz. Wir würden uns nie enttäuscht oder gelangweilt fühlen. Sind wir es aber, dann ist das von uns für wirklich Gehaltene gewiss nicht echte Realität. Die eigentliche, wahre Wirklichkeit ist nämlich die volle Erfüllung. Wenn wir jedoch nicht vollständig erfüllt sind, sehen wir auch nur eine unvollständige Wirklichkeit. Und so ist denn jede Sicht, jede Ansicht, die wir haben können, entweder falsch oder mangelhaft. Da sie aber falsch oder durch unser Ego begrenzt sind, sollten wir unsere Ansichten mit größtem Argwohn betrachten.

Alles, woran wir hängen, hält uns gefesselt. Wenn ich mich an ein Tischbein anklammere, kann ich nicht zur Tür hinaus. Ich kann mich kaum bewegen, ich bin angeheftet. Erst wenn ich loslasse, habe ich die Möglichkeit, ins Freie zu gelangen. Und in gleicher Weise ist jedes Identifizieren, jedes Besitzen, mit dem wir anhaften, genau das, was uns hindert, die transzendente Wirklichkeit, die jenseits der Grenzen unserer Erfahrungen und unseres sinnlichen Erkennens liegt, zu erreichen. Denn wir können zwar verhältnismäßig leicht das Anhaften an Dingen und Menschen erkennen, aber nur mit Mühe einsehen, warum die fünf *Khandhas* „die fünf Anhaftungsgruppen“ genannt werden. So lautet ihr Name, und sie umfassen tatsächlich all das, woran wir hängen. Betrachten wir unsere Geistkörperlichkeit (*nāma-rūpa*), zweifeln wir nicht im geringsten daran, dass es sich um meinen Körper (*rūpa*), mein Gefühl (*vedanā*), meine Wahrnehmung (*saññā*), mein Denken (*sankhāra*) und mein Bewusstsein (*viññāna*) handelt.

Niemand beginnt zu zweifeln, ehe er nicht zu sehen beginnt. Und für eben dieses Sehen benötigen wir ein offenes, vorurteilsloses Erkennen, abseits unserer gewohnten Ansichten und Meinungen.

Anhaften ist die größte Inbesitznahme und die stärkste Bindung, die es gibt. Solange wir anhaften, können wir die Wirklichkeit nicht sehen. Anhaften verstellt uns den Blick auf die Realität und verfärbt, was immer wir für wahr halten.

Nun kann man allerdings nicht verkünden: „Wohlan denn, von jetzt an werde ich nie mehr anhaften“. So einfach geht das nicht. Das, was man für ein Ich hält, auseinanderzunehmen und es nicht mehr als ein Ganzes zu sehen, ist nämlich ein langsamer und stufenweiser Prozess. Wenn aber Meditation einen Gewinn haben soll, dann muss sie in erster Linie deutlich machen: Hier ist das Geistige, da das Körperliche! Es gibt eben kein ungeteiltes Ding, das die ganze Zeit in Harmonie ist. Da ist zunächst der Geist, der denkt und den Körper in Bewegung setzt. Und das ist ja nur der erste Schritt, sich etwas klarer zu betrachten. Ferner können wir feststellen „da ist ein Gefühl“ und „ich gebe diesem Gefühl einen Namen“, das erfordert Gedächtnis und Wahrnehmung. „Dies ist der Gedanke, den ich bei diesem Gefühl habe. Dieser ist entstanden, weil das Bewusstsein sich mit dem auftauchenden Gefühl verbunden hat.“

Beobachten wir einmal die dem Geistigen zugeordneten *Khandhas* einzeln. Wenn wir dies während ihres Geschehens tun und nicht wie jetzt nur darüber nachdenken, dann beginnen wir dunkel zu ahnen, dass es sich da nicht um unser Selbst, das unveränderliche Ich, handelt, sondern vielmehr einzelne Erscheinungen, Phänomene da sind, die auftauchen, einen Augenblick verharren und sogleich wieder verschwinden. Wie lange verweilt das Bewusstsein schon bei einem Objekt? Wie lange dauern Gedanken? Haben wir sie wirklich eingeladen?

Das Anhaften, das Angehängtsein ist es, was das Ego entstehen lässt. Denn nur durch Anhaften taucht die

Vorstellung eines Ichs auf, und dieses Ich hat eben all die Probleme. Wären denn diese Probleme auch ohne dieses Ich? Wenn „da drin" keiner säße, wie wir glauben, wer würde Ich genannt oder Franz oder Klärchen, und wer hätte die Probleme? Die *Khandhas* haben jedenfalls keine Probleme; sie sind einfach Prozesse, Erscheinungen, mehr nicht. Sie rollen immer nur weiter und weiter und weiter. Weil ich aber nach ihnen greife, sie festhalten will und „ich bin's, ich fühle, ich wünsche" ausrufe, deshalb entstehen die Probleme.

Wenn wir vom Leiden wirklich befreit werden wollen, voll und ganz, dann muss das Anhaften schwinden. Dieser geistige Weg ist kein Weg des Erlangens, sondern des Loslassens. Je mehr wir loslassen, umso weiter öffnet sich uns der Raum, um die Wirklichkeit zu sehen. Denn was wir loslassen, ist ja nicht länger vorhanden, und in gleichem Maße wächst die Bewegungsfreiheit, ohne dass wir uns gleich wieder an das Resultat unseres Bewegens hängen. Solange wir uns nämlich an das Ergebnis dessen anklammern, was wir tun, denken oder fühlen, bleiben wir festgehalten, sind wir eingeschlossen.

Nun wäre da ein weiterer Fehler zu erwähnen: Wir sind daran interessiert, etwas oder jemand zu werden.

Wir möchten ein hervorragender Meditierender werden oder ein angesehener Akademiker. Wir möchten also etwas werden, das wir nicht sind. Dieses Werden-Wollen hindert uns daran, etwas zu sein. Und wenn wir am Sein verhindert sind, können wir unsere Aufmerksamkeit nicht auf das richten, was wirklich ist. Denn dieses Geschäft des Möchte-gern-Werdens findet ja in der Zukunft statt. Und weil, was immer sich in der Zukunft abspielt, reine Vermutung ist, leben wir in einer Traumwelt. Die einzige Wirklichkeit aber, der wir sicher sein können, ist nur der einzelne Augenblick – gerade jetzt; und dieser einzelne Augenblick – dessen muss man sich voll bewusst sein – ist bereits vergangen und dieser da ist auch schon zerronnen, und der nächste ist ebenfalls vorbei! Wie es Hugo von Hofmannsthal ausdrückt:

> *„Dies ist ein Ding, das keiner voll aussinnt,*
> *und viel zu grauenvoll, als dass man klage:*
> *dass alles gleitet und vorüberrinnt."*

Es ist die Vergänglichkeit aller Dinge. Jeder Augenblick enteilt, doch wir klammern uns daran und versuchen, ihn festzuhalten; versuchen, eine Wirklichkeit daraus zu schaffen, etwas Sicheres; versuchen, aus den vorbeirasenden Momenten etwas zu machen, was sie nicht sind. Beachten wir, wie sie alle vorübereilen. Ach, wir können nicht einmal feststellen, wie schnell sie es tun.

Da gibt es nichts, das sicher ist, nichts, um uns daran festzuhalten, nichts, das beständig ist. Das ganze Universum fällt auseinander und fügt sich wieder zusammen. Und darin ist all das, was wir Ich nennen, eingeschlossen. Ob wir es nun glauben oder nicht, macht dabei keinen Unterschied. Wenn wir es aber genau wissen wollen, müssen wir es erleben; und wenn wir es erleben, ist es völlig klar. Keiner kann uns dann noch überzeugen, dass es nicht so sei. Sollte es dennoch einer versuchen, werden uns dessen Einwände kaum beeindrucken, denn, wir haben es ja erfahren. Es ist wie „in eine Mangofrucht beißen", um deren Geschmack wirklich kennenzulernen.

Um dies zu erfahren, müssen wir meditieren. Ein gewöhnlicher Geist kann nur gewöhnliche Gedanken und Ideen haben. Wollen wir jedoch außergewöhnliche Ideen und Erfahrungen begreifen, dann müssen wir einen außergewöhnlichen Geist entwickeln. Und ein außergewöhnlicher Geist entsteht durch Konzentration. Die meisten Meditierenden haben schon ein Bewusstseinsstadium erfahren, das sich von dem gewohnten unterscheidet. So ist es schon nicht mehr das Gewöhnliche. Aber wir müssen dies immer mehr verstärken, bis zu dem Punkt, wo der Geist wahrhaft außergewöhnlich ist, und zwar in dem Sinne, dass er sich überall dorthin zu richten vermag, wohin er wünscht. Außergewöhnlich ferner in dem Sinne, dass er nun durch alltägliche Ereignisse nicht länger beunruhigt wird. Wenn der Geist sich konzentrieren kann, erfährt er Zustände, die er nie zuvor gekannt hatte. Die Feststellung, dass unser Universum ständig auseinanderfällt und sich wieder zusammenfügt, ist eine meditative Erfahrung. Dazu bedarf es freilich der Übung, der Beharrlichkeit und der Geduld. Wenn der Geist nicht mehr irritierbar und still wird, dann können Gleichmut, Seelenruhe und Frieden zur Oberfläche aufsteigen.

Gleichzeitig gewinnt der Geist eine Idee von der Vergänglichkeit, und zwar in einem solchen Maße, dass wir nun auch uns selbst als völlig vergänglich erkennen. Und wenn man seinen eigenen Geist als völlig vergänglich erlebt hat, dann findet im Innenleben eine Umschichtung statt. Diese Umschichtung möchte ich mit einem Kaleidoskop vergleichen, mit dem Kinder gerne spielen: eine leichte Berührung, und schon erhält man ein verändertes

Bild; die ganze Welt sieht – lediglich infolge einer leichten Verschiebung – völlig anders aus.

Anattā wird durch das Erleben der Vergänglichkeit erfahren, durch das Erleben des Unbefriedigenden, durch das Erleben der Leere. Leer wovon? Das Wort „Leere" wird oft missverstanden. „Was verstehst du denn unter Leere?" fragt man nur dann, wenn man sie allein für einen Begriff hält. Da ist doch alles ausgefüllt; da sind die Menschen und deren Inneres, Eingeweide und Knochen und Blut; alles ist voller Materie. Und der Geist ist ebenso wenig leer, sondern mit Ideen, Gedanken und vielem anderen angefüllt. Und selbst wenn das alles nicht da wäre: „was verstehst du denn also unter dieser Leere?"

Die Leerheit in den *Khandhas* ist das Leersein von einem Wesen. Da ist kein bestimmtes Wesen in irgendetwas enthalten. Das ist Leerheit. Das ist das Nichts, die Nichtigkeit. Und diese Nichtigkeit wird in der Meditation erlebt. Sie ist ohne eine bestimmte Person, ohne eine bestimmte Sache, leer von allem, was sie tagtäglich macht, leer von allem, was irgendeinen besonderen Wert hat. Das Ganze ist lediglich ein Fließen, ein stetiger Wandel. Das also ist Leerheit. Und diese Leere kann überall erkannt werden, und vor allem muss sie in uns selbst gesehen werden. Das eben wird

Anattā genannt, Nicht-Ich. Leer von einem Wesen. Da ist gar keiner zu finden. Alles ist reine Einbildung*).

Das scheint uns zunächst recht ungemütlich. Diese Person, die ich mit so viel Sorge umgebe; die das oder jenes auszuführen versucht; diese Person, die mir Sicherheit geben soll, die das Leben überhaupt lebenswert macht – diese Person ist nirgends zu finden? Welch schreckerregende und gefährliche Vorstellung! Und welche Angstgefühle löst sie aus! Dabei trifft ja tatsächlich das Gegenteil zu. Wenn man nämlich den Schrecken akzeptiert, aushält und überwindet, erlebt man vollständige und höchste Erleichterung und Befreiung.

Ich möchte das mit einem Gleichnis verdeutlichen: Stellen Sie sich vor, Sie besäßen ein sehr kostbares Juwel, so kostbar, dass Sie Ihr ganzes Vertrauen darauf setzen, es werde Sie, sollten schwere Zeiten kommen, erhalten und Ihnen Sicherheit geben. Da Sie niemand trauen, besitzen Sie in Ihrem Haus einen Tresor, in dem Sie Ihr Juwel aufbewahren.

---

*) „Ob Vollendete erscheinen oder nicht erscheinen, fest steht diese Tatsache, dieses Naturgesetz, diese Ordnung der Dinge: alle Gebilde *(sankhāra)* sind vergänglich, alle Gebilde sind leidvoll, alle Dinge sind Nicht-Ich."

Nun haben Sie einige Jahre schwer gearbeitet und finden, Sie hätten endlich Ferien verdient. So weit, so gut. Aber was soll mit dem Juwel geschehen? Klar ist, dass Sie es in Ihren Badeurlaub am Meer nicht mitnehmen können. So kaufen Sie für die Türen Ihres Hauses neue Schlösser, vergittern die Fenster und mobilisieren Ihre Nachbarn. Sie erzählen ihnen von Ihrem Ferienplan und bitten sie, nach Ihrem Haus zu sehen, mit dem Tresor mittendrin. Natürlich sagen die das gerne zu; Sie könnten ganz beruhigt sein. Und so reisen Sie in die Ferien ab. Sie gehen an den Strand; es ist wundervoll, herrlich. Die Palmen wedeln sanft im Wind, und Ihr sorgsam ausgewähltes Fleckchen Strand ist sauber und hübsch. Die Wellen sind warm, und alles ist wunderschön.

Den ersten Tag genießen Sie in vollen Zügen. Am zweiten Tag meldet sich der Gedanke: Die Nachbarn sind wirklich reizende Menschen, aber sie besuchen ja gelegentlich ihre Kinder, sind also nicht immer zu Hause; und da war doch unlängst in der Nähe eine wahre Anhäufung von Einbrüchen. Am dritten Tag sind Sie überzeugt, dass etwas Schreckliches geschehen wird, und Sie fahren nach Hause zurück. Sie treten ein und öffnen den Tresor: Alles ist in bester Ordnung. Sie gehen zu den Nachbarn hinüber, die sich wundern: „Warum sind Sie denn zurückgekommen? Wir haben uns um Ihr Haus gekümmert; Sie hätten gar nicht zu kommen brauchen; alles stand zum Besten."

Im nächsten Jahr dasselbe. „Diesmal werde ich", erklären Sie Ihren Nachbarn, „einen Monat wegbleiben. Ich habe nach all der schweren Arbeit die Ferien dringend nötig." Die ihrerseits reden Ihnen zu: „Gar kein Grund zur Beunruhigung; reisen Sie getrost ans Meer!" Wiederum vergittern Sie die Fenster, verriegeln die Türen, machen alles dicht und reisen los an den Strand. Wieder ist es wunderbar, herrlich. Diesmal fünf Tage lang. Am fünften Abend sind Sie vollkommen sicher, dass nun etwas Schreckliches geschehen sein müsse. Sie reisen heim. Sie öffnen den Tresor und – siehe da! – es ist wirklich etwas geschehen: das Juwel ist weg. Sie sind einem Zusammenbruch nahe, äußerst verzweifelt und völlig deprimiert. Schließlich gehen Sie zu den Nachbarn; doch die haben keine Ahnung, wie es geschehen konnte, sie waren ja die ganze Zeit auf der Hut. Endlich setzen Sie sich hin, überlegen das Ganze und machen sich klar, dass Sie, nun da das Juwel sowieso verloren ist, ebenso gut an Ihr Strandplätzchen gehen und sich ausruhen können!

Dieses Juwel ist das Ich. Wenn es weg ist, sind alle Ängste um es, alle Verriegelungen von Türen und Fenstern, von Herz und Geist nicht länger notwendig. Man kann einfach leben und sich freuen, solange man noch in diesem Körper ist. Nach genauer Prüfung verwandelt sich die erschreckende Befürchtung, dies so wertvoll scheinende Ding zu verlieren, zu der einzig möglichen Befreiung und Erleichterung von jeglicher Qual.

Es gibt drei Türen, die zur Befreiung führen: die merkmallose, die wunschlose und die leere. Wenn wir die Vergänglichkeit, *Anicca*, vollauf verstehen, handelt es sich um die merkmallose Befreiung. Durchblicken wir das Leiden, *Dukkha*, vollkommen, so ist das die wunschlose Befreiung. Erkennen wir Substanzlosigkeit (Nicht-Ich), *Anattā*, in vollkommener Weise, dann erleben wir die Nichtigkeits-Befreiung.

Dies bedeutet, dass wir durch jede dieser drei Türen gehen können und zum gleichen Ergebnis gelangen. Befreit zu sein bedeutet, nie wieder einen unglücklichen Augenblick erleben zu müssen. Es bedeutet jedoch noch etwas anderes, nämlich dass wir nie mehr *Karma* schaffen. Ein vollkommen Befreiter handelt zwar noch, denkt, spricht und achtet auf alle Vorhaben und Zwecke wie jeder andere, hat aber die Vorstellung verloren: „Ich denke, Ich spreche, Ich handle.“ *Karma* findet nicht mehr statt, weil da nur noch der Gedanke ist, nur noch das Sprechen, nur noch das Handeln. Da ist die Erfahrung, aber kein Erfahrender. Und weil *Karma* nicht mehr stattfindet, kommt auch keine Wiedergeburt mehr zustande. Das bedeutet vollkommene Erleuchtung.

Der Buddha hat drei Erleuchtungs-Stufen genannt, bevor die vierte Stufe, die vollkommene Erleuchtung, erreicht wird. Wer die erste Stufe, die auch für uns – zumindest theoretisch – von Belang ist, erreicht, wird *Sotāpanna* genannt, der in den Strom Eingetretene. Ein solcher hat wenigstens einen Augenblick lang das Schwinden von Gier, Hass und Verblendung, also die Ichlosigkeit, erlebt und ist dabei „in den Strom der Erlösung eingetreten“. Er kann vom Weg des Erwachens nicht mehr abweichen. Wenn sein Klarblick sehr stark ist, wird er nur noch ein Dasein brauchen, um die Erleuchtung zu erreichen, ist er schwach, höchstens sieben Leben.

Das Erlebnis eines, wenn auch kurzen ichlosen Zustandes lässt einige der bisher gehabten Schwierigkeiten schwinden. Das stärkste Hindernis ist der „Persönlichkeitsglaube“, also die Vorstellung, dass das, was wir Ich nennen, eine selbständige Wesenheit sei. Die falsche Ansicht eines unveränderlichen Ichs ist aufgehoben. Das bedeutet nun keineswegs, dass ein *Sotāpanna* sich der Nicht-Ichheit stets bewusst sei. Zwar ist die falsche Ansicht aufgehoben, doch muss die Anschauung immer wieder verstärkt und durch diese Verstärkung immer wieder neu erfahren werden.

Eine weitere wichtige Änderung ist der Verlust der Zweifelsucht. Sie ist schon deshalb aufgelöst, weil nun selbst erfahren wurde, dass das, was der Buddha lehrte, sich wirklich so verhält. Vorher tauchte der Zweifel immer wieder auf, denn der Gedanke ist ja stets naheliegend: „Mag sein, aber wie will ich es sicher wissen?" Letztlich kann man ja nur durch Erfahrung Gewissheit erlangen. Dann freilich ist jeder Zweifel geschwunden. Denn nun hat man ja das Beschriebene genau so erlebt, und dadurch entsteht in Kopf und Herz zugleich eine Fähigkeit des Verstehens, die es ermöglicht, alles Übrige allmählich ebenfalls zu begreifen.

Der *Sotāpanna* hat schließlich auch kein Interesse und schon gar keinen Glauben mehr an die Wirksamkeit von rituellen Gebräuchen. Er mag sie zwar im Sinne der Tradition oder Gewohnheit noch ausführen, doch erwartet er sich davon keinerlei Beitrag zur Befreiung, sollte er je daran geglaubt haben.

Als festes Fundament des Verständnisses der Lehre muss uns tief innerlich klar sein, dass in den fünf *Khandhas* keine selbständige Wesenheit zu finden ist. Da ist ein ständiges Fließen, eine Kontinuität, aber kein unveränderlicher Wesenskern. Diese Kontinuität, diese ununterbrochene Abfolge erschwert uns ja gerade die Erkenntnis, dass da wirklich nicht irgendeiner im Körper sitzt, der die Dinge in Gang hält. Denn die Dinge geschehen so oder so. Der Stromeintritt, also die erste Gelegenheit, einen Schimmer der Freiheit zu erleben, verursacht in uns manche Veränderung. Zwar werden dabei nicht gleich Gier und Hass ausgerottet – tatsächlich sind sie in diesem Zusammenhang nicht einmal erwähnt. Doch schon durch das größere Verständnis, das damit einhergeht, schwächen sich Gier und Hass ab; sie sind jedenfalls nie wieder so stark wie zuvor und zeigen sich kaum noch in grober Form.

Die nächsten Heilsstufen sind der Einmalwiederkehrer, der noch ein Leben in einer der Sinneswelten verbringt, der Nie-Wiederkehrer, der von einer übersinnlichen Welt aus *Nibbāna* erreicht, und schließlich der *Arahat*, der vollkommen Erleuchtete. Sinnesgier und Hass werden beim Nie-Wiederkehrer aufgehoben, während der noch verbleibende Rest von Eigendünkel nur beim *Arahat*, der die höchste Stufe der Heiligkeit erreicht hat, aufgelöst ist.

So müssen wir uns also mit der Tatsache abfinden, da wir keine *Arahats* sind, dass wir Gier und Hass haben. Nun geht es freilich nicht darum, uns deshalb Vorwürfe zu machen; wir müssen vielmehr versuchen zu verstehen, woher diese Unreinheiten kommen. Sie entspringen unserem „Ich-bin-Wahn". Wir möchten dieses Juwel Ich schützen. Daraus entstehen Gier und Hass. Durch regelmäßige und tiefergreifende Meditation kann der Geist immer klarer und heller werden und schließlich den Klarblick gewinnen. Und mit diesem Klarblick kann die transzendente Wirklichkeit erfasst werden. Selbst wenn dies auch nur für einen Augenblick geschieht, so ist diese Erfahrung doch von großer Wirkung und wird unser Leben grundlegend verändern.

Frieden auf Erden

Dieser Vortrag handelt vom Frieden. Was tun wir für den Frieden? Wir fordern, dass man Frieden stiftet, aber im Prinzip handelt es sich um etwas ganz anderes. Es handelt sich darum, Frieden zu sein und nicht darum, ihn zu stiften. „Frieden stiften" ist etwas, das man mit anderen „tun" muss und, ob der andere willig oder fähig oder überhaupt dafür ansprechbar ist, bleibt immer ein Problem. Wir wissen ja nicht, was in dem anderen vorgeht; wissen wir doch kaum, was in uns selbst vorgeht.

Es gibt sicherlich keinen Menschen auf der Welt, der nicht gerne Frieden um sich herum hätte. Aber wir müssen uns darüber klar werden, dass der einzige Friede, den wir wirklich erleben können, in uns selbst liegt. Wenn alles um uns herum sehr harmonisch und friedlich abläuft, können wir uns freuen. Es gibt aber wohl niemanden, der sich nicht in Situationen verfangen wird, die ihm gar nicht gefallen, oder der plötzlich einer Anforderung gegenübersteht, gegen die er sich auflehnen will. Ich glaube, dass kein Mensch davon verschont bleibt. In all diesen Fällen und Situationen ist dann der innere Friede natürlich verloren.

Die erste und üblichste Reaktion ist, dass jemand anders schuld daran sein muss, dass dieser etwas gemacht hat, was wir nicht wollen, bzw. eine Situation ohne unsere Zustimmung heraufbeschworen hat. Es ist also irgendetwas außerhalb von uns, das unseren Frieden stört. Dennoch können so viele Friedensverträge in der Welt gemacht werden, soviel Papier und Tinte verwendet werden, so viele Menschen ihren Namen darunter schreiben, und nichts davon bedeutet etwas, solange wir nicht den inneren Frieden in uns selbst schaffen. Das bedeutet Arbeit, denn es kommt nicht von allein.

Es ist unmöglich, sich auf die Außenwelt zu verlassen. Wer soll denn für uns Frieden schaffen? Derjenige, der alles so macht, wie man es von ihm verlangt? Den gibt es doch wohl nirgends. Derjenige, der einen nie stört? Auch diesen gibt es nicht. Wenn es einmal einen oder zwei Tage oder eine Woche lang gut geht, so ändert sich doch alles, sowohl die anderen, wie auch wir selbst. Unsere Gedanken und Gefühle bleiben nicht die gleichen: Plötzlich fühlen wir uns nicht mehr so gut oder irgendjemand um uns herum wird ärgerlich – irgendetwas ist immer in Bewegung. Wir können aber ein Fundament in uns schaffen, auf dem wir in allen Situationen friedlich leben können. Das bedeutet an uns selbst zu arbeiten, und wenn wir dies tun, dann können wir sehr schnell Unterschiede feststellen. Wir brauchen nicht zu warten, bis wir perfekt sind, das können wir weder von uns selbst noch von anderen verlangen.

Was wir aber von uns verlangen können ist, etwas mit uns zu unternehmen, damit wir nicht so bleiben wie wir sind. Wenn wir also irgendeine Unzufriedenheit in uns tragen, muss uns dabei klar werden, dass das gegen den Frieden in der Welt arbeitet. Unzufrieden bedeutet „Unfrieden", zufrieden bedeutet „Zum Frieden". Wenn einer Frieden für die Welt schaffen möchte, dann muss er erst einmal Frieden in sich selbst schaffen, denn jeder einzelne von uns ist ein Teil dieser Welt, und wir alle zusammen sind die Welt. Jeder von uns hat Einfluss auf seine Umgebung, und je stärker unsere Kraft zum Guten oder Bösen ist, desto weiter reicht unser Einfluss. Den Einfluss des Guten in der Geschichte der Menschheit haben wir durch Jesus und Buddha und andere erlebt, deren innere Stärke weite Kreise gezogen hat. Aber auch wir haben den Einfluss des Schlechten miterlebt. Vielleicht waren wir sogar persönlich während des letzten Weltkrieges davon betroffen, wo der Einfluss so weit reichte, dass der ganze Erdball davon in Mitleidenschaft gezogen wurde. Überall auf der Welt konnte man damals den Einfluss des Schlechten spüren. Solche Stärke haben wir als Einzelne nicht. Aber jeder von uns hat etwas innere Kraft, und wenn wir diese zum Guten verwenden, so beeinflussen wir damit die Welt zum Guten. Wenn wir unsere Kräfte hingegen für das Schlechte verwenden, so geschieht natürlich genau das Gegenteil.

Die innere Kraft, die jeder von uns hat, kann nur dann Frieden um uns herum schaffen, wenn wir bereits Frieden in uns selbst geschaffen haben. Aber wir können keinem anderen etwas vermitteln, was wir nicht selbst schon nachvollzogen haben. Wie kann ich ein Haus bauen, wenn ich nicht weiß, wie man das macht? Zuerst muss ich mir die Fähigkeit dazu aneignen. Wie kann ich Frieden schaffen, wenn ich nicht weiß, wie er sich anfühlt? Je mehr Menschen Frieden in sich verspüren, desto friedlicher ist die Welt. Dann ist es möglich, in einer Art zu leben, wo wirklich innere und äußere Harmonie existiert.

Frieden ist ein Gefühl, welches auf unseren Emotionen basiert. Daher müssen wir lernen, auf unsere Gemütswallungen aufzupassen, sie zu erkennen, nicht einfach hinzunehmen und zu glauben, dass sie eine Berechtigung haben, wenn sie negativ sind. Wir können die Unzufriedenheit spüren, die negative Gefühle in uns verursachen und sie vielleicht durch diese Erkenntnis loslassen. Dann ist Platz für positive Gefühle, wie Liebe und Mitgefühl, Mitfreude und Gleichmut. Es kehrt Frieden in unser Herz ein, wenn wir lernen, die guten Empfindungen zu verstärken. Wenn unsere Gefühle negativ sind, was natürlich oft genug vorkommt, dann sollten wir gewillt sein, sie zu ändern. Die Formel heißt: *Erkennen – nicht tadeln – ändern.*

Wenn wir uns selbst tadeln, dann erleben wir noch mehr Negativität und sind gleich doppelt mit Unzufriedenheit behaftet. Das hilft uns nicht.

Sich selbst erkennen ist die Hauptsache. Was kann Frieden je für mich bedeuten, wenn ich mich nicht selbst erkannt habe und weiß, dass Unfrieden von meiner eigenen Unzufriedenheit kommt? Womit sind wir denn unzufrieden? Im Allgemeinen mit den Menschen um uns herum und den Situationen, in denen wir uns befinden, mit den Verpflichtungen, die uns auferlegt werden, weil wir erkennen, dass wir uns all dies selbst geschaffen haben. Auch unser körperliches Wohlergehen spielt oft eine

Rolle. Wenn wir etwas ändern können, ohne andere dabei in Mitleidenschaft zu ziehen, dann sollen wir das ruhig tun. Ansonsten gibt es nichts Wichtigeres als das Gefühl des Zufriedenseins in uns zu entwickeln. Dazu gehört vor allem, dass wir erkennen, dass wir unsere Gefühle nach Wunsch ändern können. Das ist nicht einfach, aber erlernbar. Ein Gefühl der Negativität loszulassen und dadurch Platz für ein positives Gefühl zu machen, erfordert ständige Übung.

Der erste Schritt, den jeder erwachsene, reife Mensch, der zum Guten hin will, machen muss, ist Selbsterkenntnis. Das ist nicht ganz einfach, denn wir sind an uns selbst gewöhnt und haben sehr oft die Idee: „So bin ich eben, oder so reagiere ich eben", und dabei bleibt es dann. Das genügt natürlich nicht. Dadurch entsteht keine Reife, sondern man bleibt ein Kind. Sind wir körperlich ausgereift, dann erwarten andere, dass sie kein Kind mehr vor sich haben. Darum ist der erste Schritt, dass wir uns um Selbsterkenntnis bemühen. Wir werden zwar nicht immer von Hass heimgesucht, aber wir haben viele negative Reaktionen, die z.B. sagen: „Das kann ich nicht leiden oder jenes ist mir zu schwierig. Wenn du nicht so handelst, wie ich es will, dann will ich nichts weiter mit der Angelegenheit zu tun haben." Es gibt genügend Möglichkeiten für uns, sich gefühlsmäßig negativ zu verhalten, was sich dann auch in Worten äußern kann. Das braucht kein tiefer Hass oder Widerwillen zu sein, sondern einfach ein Gefühl der Unzufriedenheit. Wenn wir das klar in uns erkennen, dann können wir analysieren: „Wieso empfinde ich so? Was ist der Grund, dass ich das nicht mag? Woran liegt es? Will ich mich selbst behaupten? Will ich meine Wünsche durchdrücken? Handelt es sich um das Ich?" Im Prinzip kann es sich nie um etwas anderes handeln. Führt etwas zum Unfrieden, so ist das sicherlich der Moment zurückzutreten.

Um zum Frieden zu kommen, ist es nötig, unsere Gefühle immer wieder auf Liebe und Mitgefühl auszurichten, nichts anderes hilft uns mehr. Mag es uns auch leicht fallen, jemanden zu lieben, den wir für liebenswert halten, so ist das noch lange keine spirituelle Praxis. Das ist nichts anderes als Gefühlsreaktion. Praxis bedeutet, diejenigen zu lieben, die wir nicht für liebenswert halten. Alles Liebenswerte und Nicht-Liebenswerte ist ja nur auf persönlichen Urteilen und Vorurteilen aufgebaut, die jedoch auf einer Illusion beruhen, denn sie sind ja immer ichbezogen. Wir können diesen Urteilen nicht trauen.

Nur dann ist ein Gefühl verlässlich, wenn es Liebe und Mitgefühl in unserem Herzen friedlich vereint.

Gelingt es uns, ein- oder zweimal negative Reaktionen in positive umzuwandeln, dann bekommen wir Selbstvertrauen, welches unseren inneren Frieden festigt. Wir wissen, dass wir positiv reagieren können, auch wenn es uns noch schwer fällt. Diese Fähigkeit immer wieder zu üben bedeutet, dass allmählich eine Basis für Frieden in uns einzieht, die nicht mehr von äußeren Umständen abhängig ist. Nun brauchen wir nichts Äußerliches mehr, das uns friedlich stimmen soll, weil wir in der Lage sind, uns selbst friedlich zu stimmen. Dieses „Sich-selbst-friedlich-Stimmen" bringt nicht nur Selbstvertrauen und Zufriedenheit, sondern dadurch können wir das Verurteilen aufgeben. Es ist sowieso eine Zeitverschwendung. Nie können wir genau wissen, was in anderen vorgeht. Der einzige Frieden, den es gibt, ist der im eigenen Herzen, und der breitet sich natürlich auch um uns herum aus.

Frieden bedeutet auch Freiheit. Frieden ist auf Gefühlen aufgebaut, Freiheit ist jedoch darauf aufgebaut, dass wir unser Denken in Schach halten. Wir haben jetzt gerade in Deutschland erlebt, welche Art von Freiheit die Menschen wollen; sie wollen leben, ohne unterdrückt zu sein. Jeder will frei sein, aber was ist wirkliche Freiheit? Es ist nicht nur die Unterdrückung, der diese Menschen vielleicht ausgesetzt waren, die natürlich aufhören soll, sondern es ist noch etwas ganz anderes. Innere Freiheit bedeutet, dass wir von dem Zwang des Denkens frei sind. Dann bewegen sich unsere Gedanken nicht mehr richtungslos hin und her, sondern wir werden in der Lage sein, sie dorthin zu lenken, wo wir sie haben wollen. Auch das ist schwierig, auch das verlangt Übung und wird durch die Meditation sehr erleichtert.

Ohne Meditation ist es eine Herkules-Arbeit, die vielleicht manche Menschen, die von Natur aus viel Liebe und Mitgefühl in sich tragen, leisten können. Für die meisten Menschen ist es aber so schwierig, dass sie immer wieder daran scheitern. Die Meditation korrigiert zwar nicht unser Denken, aber sie zeigt uns, dass es eine Bewusstseinsebene gibt, auf der Verurteilen, negatives Fühlen und Denken gar nicht nötig sind. Haben wir das erkannt, fühlen wir uns nicht mehr so gezwungen, das Negative im täglichen Leben weiterzuführen. Ohne Meditation müssen wir uns viel mehr anstrengen.

Engagiert man sich nicht auf diese Weise, bleibt man innerlich ein kleines Kind. Dann gefällt uns nur das, was uns angenehme Gefühle bereitet, alles andere lehnen wir ab. So machen es Kinder, die dann schreien, wenn ihnen etwas nicht passt. Bei Kindern mag das annehmbar sein, aber auch wir schreien, wenn uns etwas nicht gefällt. Wir schimpfen und protestieren und klagen an, manchmal sogar noch lauter als es Kinder tun. So zu handeln ist kein Reifeprozess. Ein Mensch, der Frieden haben will, muss Frieden geben können.

Ein Mensch, der Freiheit will, muss Freiheit geben. Freiheit bedeutet, unsere Gedanken und Gefühle nicht so zu akzeptieren, wie sie sind, sondern immer wieder zum Guten zu wandeln. Diese schwierige Arbeit und dieses ständige Üben verlangt eine Geistesfähigkeit, die wir alle haben, aber nicht genügend üben, nämlich Achtsamkeit. Nicht auf andere schauen, sondern auf uns selbst aufpassen. Solange wir auf andere aufpassen und reagieren, sie verurteilen und beurteilen, sind unser Frieden und unsere Freiheit, unsere Liebe und unser Mitgefühl von anderen abhängig. Wir können lediglich von dem Verhalten unserer Mitmenschen lernen, indem wir es auf uns selbst beziehen und alles, was um uns herum passiert als einen einzigen großen Spiegel betrachten, indem wir nur uns selbst sehen. Abhängig zu sein von anderen Menschen ist Sklaverei, denn wie können wir uns denn frei fühlen und benehmen, wenn andere Menschen für uns den Ton angeben? Der Aufbau von Freiheit bedeutet, dass wir in der Lage sind, unheilsame, negative Gedanken fallenzulassen und sie mit positiven zu ersetzen. Ein positiver Gedanke wird immer friedlich, aufbauend, erhebend und freundlich sein. Niederreißen ist sehr einfach, aber Aufbauen, in sich selbst und für andere, ist schwierig. Es ist viel einfacher, ein Haus niederzureißen, als ein Haus aufzubauen.

Diese innere Aufbauarbeit gibt uns dann eines Tages innere Freiheit. Sie hat dann nichts mehr mit äußerer Freiheit zu tun, denn im Prinzip ist keiner von uns äußerlich frei. Wir sind alle in diesem Körper gefangen, der älter und anfälliger wird und eines Tages gar nicht mehr da sein wird. Unsere geistige Freiheit können wir uns erarbeiten, aber körperliche Freiheit gibt es niemals. Der Körper muss gefüttert und zur Ruhe gelegt werden, er muss gewaschen und angezogen werden. Immerzu müssen wir irgendetwas für den Körper tun. Sollten wir glauben, dass das alles ist, woraus das menschliche Leben besteht, dann werden wir nie Frieden und Freiheit verspüren.

Aber wenn uns die geistige Freiheit wichtig ist, dann werden wir in der Lage sein, die vier großen Anstrengungen (wie der Buddha sie nannte) zu praktizieren. Sie sind groß, weil sie schwierig sind, aber auch weil sie sehr große Resultate bringen. Der Buddha hat sie so formuliert:

- Einen unheilsamen Gedanken, der noch nicht aufgekommen ist, nicht aufkommen lassen.
- Einen unheilsamen Gedanken, der schon aufgekommen ist, nicht weiterführen.
- Einen heilsamen Gedanken, der noch nicht aufgekommen ist, aufkommen lassen.
- Einen heilsamen Gedanken, der schon aufgekommen ist, weiterführen.

Das heißt also erstens, sich darüber klar zu sein, was für ein Gedanke hochgekommen ist. Diese Klarheit bedeutet für uns immer Arbeit, Achtsamkeit, Analyse und Aufpassen. Nicht jeden Gedanken hinnehmen, wie es Kinder tun, sondern den Reifeprozess einleiten.

Einen unheilsamen Gedanken, der noch nicht aufgekommen ist, zu erkennen, ist am schwierigsten. Es ist hilfreich zu wissen, dass dem Gedanken ein Gefühl vorausgeht, das sich dumpf, vernebelt und etwas unangenehm anfühlt, bevor er sich dann zeigt. Wenn man sehr achtsam ist, kann man das erkennen. Wenn man noch nicht so lange geübt hat, erkennt man den Gedanken erst, wenn er sich schon breitgemacht hat. Je öfter man den unheilsamen, unzufriedenen Gedanken erlaubt, sich häuslich niederzulassen, desto mehr wird der Geist von Negativitäten in Anspruch genommen. Eines Tages kann er sich vielleicht gar nicht mehr ändern, weil er derartig an die unzufriedenen und unheilsamen Gedanken gewöhnt ist. Sie haben bereits tiefe Furchen gezogen, sodass es schwierig ist, die Gedanken umzuwandeln. Je schneller man anfängt, negative Gedanken fallenzulassen, desto leichter macht man es seinem eigenen Geist, frei zu werden. Was in der Welt draußen vorgeht, kann nie alles von uns vollkommen akzeptiert und gutgeheißen werden, aber deswegen braucht kein Unfrieden in uns aufzukommen.

Die einzig wirkliche Freiheit, die es gibt, ist die Freiheit vom Ich. Das ist das Endresultat buddhistischer Praxis und Meditation und im vorherigen Kapitel, der „Ferien vom Ich" heißt, beschrieben. Leider nur „Ferien", denn wir kommen ja immer wieder nach Hause zum Ich. Aber das Endresultat kann vollkommene Freiheit sein, ewige Ferien. Dazu müssen wir die Schritte auf dem Weg dorthin praktizieren. Wir können nicht einfach sagen: „Mein Ich macht mir Schwierigkeiten, also lasse ich es los." Leider geht das nicht. Es wäre sehr schön, denn alle von uns, die schon die Lehre des Buddha gehört haben, wissen genug darüber, sodass sie gerne bereit wären, das Ich abzulegen.

Aber wir müssen erst die nötige Arbeit leisten und die ist es, worauf es ankommt. Es fängt mit dem Wissen an, dass wir mit Unzufriedenheit und unheilsamen Gedanken die Welt beschmutzen. Unsere Umwelt wird viel stärker durch unsere Gedanken als durch unseren Abfall verschmutzt. Wir verunreinigen mehr durch unser Denken und Fühlen als durch Chemikalien. Wenn wir eine reine, friedliche und harmonische Welt um uns haben möchten, müssen wir sie in uns selbst schaffen. Jeder Einzelne von uns ist verantwortlich für unsere Welt; nicht nur uns selbst gegenüber, sondern auch gegenüber allen Menschen, mit denen wir Kontakt haben. Wenn wir uns der Verantwortung bewusst sind, so werden wir merken, dass unsere Ichbezogenheit langsam kleiner wird. Je weniger ichfixiert wir sind, desto kleiner werden unsere Probleme, denn diese existieren ja nur, solange es ein Ich gibt. Wer soll sie denn haben, wenn keiner Anspruch auf sie erhebt? Allein dadurch erleben wir schon viel mehr Frieden und Freiheit.

In diesem Prozess lernen wir auch erkennen, dass jegliche Unzufriedenheit nichts nutzt. Wir befinden uns nämlich in einer Situation, die wir uns selbst ausgesucht haben, und die Menschen, die um uns herum sind, haben wir uns ausgewählt. Was kann es uns helfen, unzufrieden zu sein? Wir können uns höchstens ärgern, dass wir so dumm waren, nicht richtig gewählt zu haben. Aber auch das ist sinnlos, denn sicherlich sind wir heute ganz anders und eventuell klüger, als wir vielleicht vor zehn Jahren waren. Dann müssen wir unsere Klugheit dazu verwenden, Zufriedenheit mit alldem zu erlangen, was uns betrifft. Zufriedenheit führt nicht nur uns selbst zum Frieden, sie führt auch die Welt zum Frieden. Jeder einzelne von uns ist für seine Umwelt verantwortlich, was miteinschließt, dass wir geben sollten und nicht nur nehmen.

Es ist sicherlich eine gute Idee, anderen Menschen Geschenke zu machen, aber es ist viel wichtiger, Liebe und Frieden zu geben. Da gibt es wohl keinen Wertevergleich. Alles andere können wir kaufen, aber das, was jeder braucht und geschenkt haben möchte, gibt es weder zu kaufen, noch ist es irgendwo zu finden. Nur wir selbst können es uns erarbeiten. Es ist die Herzenskraft, die nicht unterscheidet, sondern nicht anders kann, als Liebe und Frieden zu geben, ganz unabhängig davon, wer vor einem steht, oder ob überhaupt jemand da ist. Es gibt kein schöneres Geschenk. Wir müssen es aber erst einmal in uns selbst erarbeiten, um es weiterzugeben.

Zum Frieden gehört die Zufriedenheit, zur Liebe gehört das Überwinden der unheilsamen Gefühle und Gedanken. Liebe ist nicht etwas, was verdient werden muss oder was wir einteilen können, Liebe ist eine Herzensqualität. Wir können uns darüber klar werden, dass wir alle zusammengehören, ein Teil derselben universellen Existenz sind, uns nur unterschiedlich manifestieren. Zwar sehen wir etwas anders aus, sprechen und denken anders, haben verschiedenartige Probleme, die alle auf unseren Geisteszustand zurückzuführen sind, aber im Prinzip gehören wir alle zu derselben Schöpfung im All. Da gibt es die Natur um uns herum, die genauso der Vergänglichkeit unterworfen ist wie wir, die genauso wächst, gedeiht und wieder vergeht. Da ist das ganze Weltall, das ständig schrumpft und sich wieder ausbreitet, genau wie wir. Alles hat denselben Rhythmus, und wir gehören dazu.

Je mehr wir uns gegen den Rhythmus des Naturgesetzes stemmen, desto unglücklicher und schwieriger ist unser Leben. Wir sind zu Hause in dem Naturgesetz und können uns darin vollkommen wohlfühlen, aber nur dann, wenn wir uns nicht dagegen stemmen. Das Naturgesetz bedeutet auch, dass jede Existenz Schwierigkeiten hat – es ist nicht einfach, ein Mensch zu sein. Es ist auch schwierig, ein Vögelchen oder ein Baum zu sein. Alles versucht, sich zu behaupten, weil es ständig wachsen und sich irgendwie bewegen muss. Wenn wir das erkannt haben, werden wir keine unvernünftigen Erwartungen mehr haben und auch nicht sagen: „Ich will ein Leben haben, das ohne jedes Leid ist, wo alles so läuft, wie ich es will.“ Wir müssen die Vergänglichkeit als Naturgesetz erkennen; jeder Gedanke, jedes Gefühl, jeder Mensch, alle kommen, alle gehen. Immerzu ist Veränderung; alles fließt. Als ob wir schwimmen würden, sind wir immer dabei, mit den Wellen hin- und her zufließen. Es ist noch nicht lange her, da war Sommer, jetzt ist Winter. Vor kurzem erst war Nacht, jetzt ist Tag. Immerzu ändert es sich. Manchmal sehen wir die Sonne, dann wieder Mond und Sterne. Genauso sind wir. Wenn wir uns in die Gesamtheit der Existenz hineindenken und einfühlen können, können wir uns auch in die Gesamtheit des Menschseins hineinfühlen. Dies bedeutet dann, dass wir uns nicht separieren und absondern, nicht individuell behaupten, sondern zusammengehören. Erst dann wird es uns möglich sein, uns in diesem Fluss der Manifestationen des Existenziellen zu Hause zu fühlen.

Wir brauchen dann nicht mehr unsere eigenen kleinen Wünsche hegen, die oftmals nicht in Erfüllung gehen, was uns dann immer wieder als eine Tragödie erscheint. Da wir zum Ganzen gehören, fühlen wir uns auch nicht mehr bedroht oder gefährdet. Dann ist es viel einfacher, Liebe zu entwickeln, obwohl es immer eine Arbeit bleibt. Es ist uns leider nicht von Natur aus gegeben, jeden und alles zu lieben. Wir müssen es erst lernen. Um wirklich mit dem Naturgesetz fließen zu können, brauchen wir die verstandes- und vernunftmäßige Basis, die uns die Gesamtheit von allem, das Dazugehören erkennen lässt. Separieren und Abseits-Sein-Wollen ist immer mit Angst verbunden, nie mit Liebe. So wie wir unsere Häuser aus Furcht abschließen, so schließen wir damit auch unsere Herzen ab. So wie die Staaten Grenzen ziehen und Grenzwachen aufstellen, die sie allmählich fallen lassen, so müssen auch wir unsere Grenzen im Herzen fallen lassen.

Welche Worte wir benutzen, ist nicht so wichtig. Wir können sagen: „Gott ist in allem zu sehen“. Was ist „Gott“? Gott ist der Geist, der in allem enthalten ist. Wir brauchen es nicht „Gott“ zu nennen, wir können es als das All, die Urmatrix der Existenz beschreiben. Es existiert als unpersönliche Kraft in jeglicher Manifestation, nicht nur als das

Gute, sondern als alles, was ist. Meister Eckhart hat gesagt: „Ich bin Gott" – und wurde als Häretiker angefeindet. Er wollte damit nichts weiter erklären, dass es nichts anderes als diese Einheit gibt. Alles ist eine Einheit, nichts kann von ihr getrennt sein. Wir können auch andere Worte verwenden, wie „Totalität", „Zusammengehörigkeit", „Manifestation der Existenz". Alles ist eins und in dem Einen sind wir ein winziger Teil.

Wenn wir etwas hassen oder nicht gern haben, so hassen wir uns selbst. Vielleicht kann uns diese Wahrheit dazu verhelfen, Liebe in uns zu entwickeln. Furchtlos zu werden, indem wir unsere Angst loslassen. Wenn ich etwas ablehne oder mich isoliere, dann schade ich mir selbst, denn „alles" bin ich. In diesem Sinne wäre es vielleicht möglich, zu dem Frieden auf der Welt beizutragen, indem wir uns dazu öffnen, dass wir „alles" oder „nichts" sind, was immer wir leichter einsehen können. Es ist beides dasselbe. Wenn diese Erkenntnis in unser Bewusstsein eindringt, ist es einfacher, mit Zufriedenheit den Frieden in der Welt zu unterstützen.

Genau wie die meisten Menschen heute schon erkannt haben, dass sie verantwortlich dafür sind, die Umwelt nicht mit ihrem Abfall zu verschmutzen, so ist jetzt die

Zeit gekommen, die Umwelt nicht mit unseren negativen Gefühlen und Gedanken zu verunreinigen. Wenn wir einmal ein Gefühl für die Gesamtheit der Naturgesetze bekommen und erkennen, dass wir uns miteinbeziehen müssen, dann ist es vielleicht etwas leichter, diese Arbeit an uns vorzunehmen. Es ist unmöglich, dass sich ein Mensch läutern kann, nur indem er es sich wünscht. Dennoch muss der Wunsch dazu erst einmal im Geist fest verankert sein. Viele Menschen arbeiten unbewusst an ihrer Läuterung. Man fällt jedoch immer wieder in gewisse Schwierigkeiten zurück, weil das erkannte Erleben fehlt. Die Lehre Buddhas hilft uns sehr, eine klare Richtung zu erkennen. Die Menschen, die von einer schönen Natur umgeben sind, können den Frieden in sich vielleicht leichter erarbeiten. Auch hoffe ich, dass alle, die dies hören und lesen, diese Arbeit freudig auf sich nehmen, sodass die Welt um uns herum mehr Frieden und Harmonie enthält.

Liebende-Güte-Meditation
(Mitgefühl)

Um anzufangen, richten wir unsere Achtsamkeit auf den Atem.

~ ☸ ~

Wir wollen Mitgefühl für uns selbst hochkommen lassen, Mitgefühl für alle Schwierigkeiten, die in unserem Leben existieren. Mitgefühl auf Grund des Verfalls und des Todes, denen wir ausgesetzt sind. Aus diesem Mitgefühl heraus können wir ein Gefühl der Liebe entwickeln und uns damit anfüllen und umhüllen.

~ ☸ ~

Jetzt denken wir an denjenigen, der in unserer Nähe ist. Wir wollen Mitgefühl für dessen Schwierigkeiten hochkommen lassen, denn Mensch zu sein heißt Schwierigkeiten haben. Mitgefühl wegen des bevorstehenden Verfalls und Todes und daraus entwickelt sich Liebe. Wir füllen diesen Menschen dann mit Mitgefühl und Liebe an und umhüllen ihn damit.

~ ☸ ~

Dann breiten wir unser Mitgefühl und die daraus resultierende Liebe auf alle aus, die in unserem Haus wohnen. Wir öffnen unser Herz soweit wir können und umarmen alle mit Liebe und Mitgefühl.

~ ☸ ~

Jetzt denken wir an all die Menschen, die in unserer Umgebung wohnen. Wir lassen unser Mitgefühl für sie hochkommen, denn auch sie haben Schwierigkeiten und sind Verfall und Tod ausgesetzt. Daraus entwickeln wir Liebe und füllen sie damit an, umhüllen sie mit unserem reinen Mitgefühl.

~ ☸ ~

Jetzt öffnen wir unser Herz weiter und weiter. Lassen unsere Liebe und Mitgefühl zu den Menschen ausstrahlen, die weiter entfernt wohnen. Erkennen, dass alle Menschen Schwierigkeiten haben, Verfall und Tod ausgesetzt sind, und benutzen unser Mitgefühl als Grundlage für die Liebe. Und wir öffnen unser Herz immer weiter, sodass Mitgefühl und Liebe immer weiter und weiter in die Ferne strahlen können und immer mehr und mehr Menschen berühren können. Erst die, die in der Nähe sind, und dann immer weiter, bis man das ganze Land und alle Einwohner damit berührt hat.

~ ☸ ~

Dann dehnen wir das gleiche Mitgefühl, die gleiche Liebe auf alle Wesen aus. Lassen es nicht nur zu den Menschen, sondern auch zu den Tieren und Lebewesen hinfließen, die wir sehen oder nicht sehen. Alle Lebewesen haben die gleichen Schwierigkeiten und das gleiche Schicksal. Mitgefühl und Liebe sind die Basis des Zusammenlebens.

~ ☸ ~

Und jetzt denken wir an die Menschen, die zu der eigenen Familie gehören. Auch über sie schütten wir unser Mitgefühl aus, denn auch sie haben Schwierigkeiten, sind dem Verfall und Tod unterworfen. Aus diesem Mitgefühl entsteht Liebe.

~ ☸ ~

Und jetzt denken wir an alle guten Freunde und Bekannten mit dem gleichen Mitgefühl und der gleichen Liebe. Wir überschütten, füllen und umhüllen all diese Menschen damit.

~ ☸ ~

Wir wollen nun an irgendeinen Menschen denken, mit dem wir vielleicht nicht so gut auskommen. Wir lassen Mitgefühl für ihn hochkommen, Mitgefühl für seine Schwierigkeiten, seinen Verfall und Tod und entwickeln daraus Liebe zu diesem schwierigen Menschen. Wir füllen und umhüllen ihn damit.

~ ☸ ~

Jetzt lenken wir unsere Achtsamkeit wieder auf uns selbst. Wir lassen tiefes Mitgefühl als Grundlage der Selbsterkenntnis in uns hochkommen. Fühlen mit allem, was wir im Leben schwierig finden, und empfinden Liebe und Anerkennung dafür, dass wir oft die Schwierigkeiten meistern können. Wir lieben diesen Menschen, den wir kennen und Ich nennen, der versucht, sein Menschsein zu transzendieren. Wir füllen und umhüllen uns mit unserem vollen Mitgefühl und tiefer Liebe.

~ ☸ ~

Mögen alle Lebewesen Mitgefühl und Liebe füreinander haben!

Die Welt so sehen, wie sie wirklich ist

Weil wir die Welt nicht so sehen, wie sie wirklich ist, haben wir Probleme. Erst wenn wir dies erkannt haben, können wir dagegen angehen. Dazu wollen wir einmal prüfen, wie wir mit uns selbst umgehen. Es ist wohl nicht übertrieben zu behaupten, dass jeder Mensch in sich eine Sehnsucht beherbergt. Das Wort „Sehnsucht" beinhaltet sehnen und suchen. Wir sehnen uns nach etwas, was wir nicht haben und so sind wir auf der Suche. Das ist der Grund, warum wir Vorträge hören, Bücher lesen und vielleicht anfangen zu meditieren. Wir müssen einmal die Ursache erforschen, von dem was uns antreibt zu suchen, wonach wir uns sehnen.

Sicherlich sehnen wir uns nach Erfüllung, obwohl uns am Anfang nicht ganz klar ist, was Erfüllung bedeutet. Das Wort selbst sagt uns aber, was wir erstreben. Wir möchten „vollgefüllt" sein, keine Leere in uns verspüren. Wenn wir jung sind, suchen wir vielleicht nach erregenden Dingen und Sensationen, die uns geboten werden. Die Welt ist ja voll mit interessanten Ereignissen, wir brauchen nur in fremde Länder zu reisen, was heute ganz einfach ist. Auch können wir Bücher lesen oder irgendetwas Neues erlernen. Oder wir suchen vielleicht die richtigen Menschen, die uns erfüllen sollen.

Wir erwarten diese Erfüllung durch unsere Sinne, durch Sehen, Hören, Schmecken, Riechen, Berühren und Denken. So wie der Mensch beschaffen ist, ist er ständig mit seinen Sinnen beschäftigt. In diesem Moment des Lesens befassen wir uns mit Sehen und auch dem Empfinden der Berührung, da wir auf dem Stuhl sitzen und hart oder weich registrieren können. Das interessiert uns aber im Moment nicht so sehr wie der Inhalt dessen, was wir sehen und geistig verarbeiten. Da wir ohne unsere Sinne kaum überleben können, glauben wir lange Zeit, dass wir durch sie Erfüllung bekommen würden. Wir haben Sehnsucht und suchen alles durch unsere Sinne und unseren Intellekt zu erfassen.

Immer mehr wollen wir wissen und verstehen, wollen in die Tiefe gehen, die Philosophie und Psychologie begreifen, denn wir erwarten Befriedigung durch unseren Intellekt. Dieser aber schlägt uns immer Schnippchen, denn er ist derjenige, der beurteilt und dadurch fast ständig auch verurteilt. Außerdem ist er überbeschäftigt, immer dabei, sich irgendwie zu äußern, entweder mit: „Ich weiß das viel besser." Oder mit: „Ich hab' das alles schon gehört." Natürlich kommt davon keine Erfüllung. Das kann uns niemals befriedigen, sondern höchstens noch mehr erregen. So müssen wir wieder etwas Neues unternehmen, denn weder die Sinne, noch der Intellekt bringen den tiefen, inneren Frieden, den wir uns wünschen.

Auf der Suche nach Erfüllung glauben wir, dass uns Anerkennung helfen kann. Wir möchten Recht haben und bestätigt werden. Auch etwas Ruhm oder eventuelle materielle Vorteile hätten wir gerne. Auf diese Art und Weise müssen wir uns immer wieder neu behaupten und versuchen, alles richtig zu machen. Wir fühlen uns jedoch niemals vollkommen erfüllt, denn ein anderer macht es ja vielleicht noch besser und wird noch mehr bestätigt; wird vielleicht reicher, berühmter, schöner, angesehener.

Es ist kein Ende abzusehen bei dem, was wir durch die Sinne und den Intellekt noch in uns aufnehmen könnten. Die ganze Welt könnten wir bereisen und tun es vielleicht sogar, und dennoch finden wir nichts, was unsere Sehnsucht stillt; immer fehlt etwas. Wir haben es sicher alle schon gemerkt, dass es keine endgültige Befriedigung durch materielle Dinge gibt. Wir wissen es, aber was tun wir mit diesem Wissen? Wenn wir es nicht in die Tat umsetzen können, nützt uns das höchste Wissen nichts. Die Sehnsucht bleibt bestehen.

Diese innere Sehnsucht unterscheidet den Menschen von allen anderen Kreaturen, denn sie kann uns dorthin führen, wo wir die Kreatürlichkeit hinter uns lassen. Der Weg ist nicht so einfach zu finden, denn es gibt sehr wenige Wegweiser, und so fehlt den meisten Menschen die tiefe Erfüllung. Dennoch kommt vielleicht im Leben ein Moment des Erkennens, wo uns klar wird, dass unsere momentanen Sinnesbefriedigungen oder intellektuellen Ergebnisse nicht die innere Sehnsucht stillen können. In diesem blitzartigen Erkennen liegt auch die Gewissheit, dass der Weg zum Glück und zum inneren Frieden ganz anders aussieht, als wir bisher glaubten.

Bis zu diesem Moment sind wir ständig damit beschäftigt gewesen, entweder durch die Sinne oder durch den Geist etwas zu bekommen. Wir wollen uns mit äußerlichen Dingen anfüllen und so unsere Sehnsucht beschwichtigen. Jetzt aber ist der Moment gekommen, wo der intelligente Geist erkennt, dass Glück und Frieden überhaupt nicht vom „Bekommen“ abhängig sind. Es handelt sich genau um das Gegenteil, nämlich um Geben und Hingabe. Das ist der Moment des Umbruchs, in dem das spirituelle Leben anfängt. Dann, wenn wir aufhören unsere Glückssuche durch äußerliche Dinge befriedigen zu wollen und stattdessen akzeptieren, dass wir als Menschen dieses höchste Gut bereits in uns tragen.

Meister Eckhart hat es „das Fünkelein" genannt. Der Buddha nannte es „den Samen der Erleuchtung". Wenn uns dies klar wird, dann wissen wir, dass nichts wichtiger ist als zu geben und sich hinzugeben. Auf dem Weg des Gebens fangen wir erst einmal mit kleinen Schritten an. Wir können uns sicherlich nicht sofort hingeben, da unsere Selbstbestätigung tief verwurzelt ist, aber wir können einen Anfang machen. Wir können erkennen, dass es unmöglich ist, der Beherrscher von allem zu werden, sondern dass es nur möglich ist, Diener zu sein. Indem wir uns selbst entleeren, erhalten wir dadurch die Fülle der Erfüllung. Sich selbst entleeren bedeutet, dass wir unsere Wünsche des Haben-Wollens loslassen und mit dem Wunsch des Geben-Wollens ersetzen. Dies kann erst einmal damit anfangen, anderen Menschen zur Seite zu stehen, indem wir ihnen unsere Zeit widmen, Trost spenden, Zuversicht geben und hilfreich sind. Jetzt ist uns klar, dass es einen Weg zur Erfüllung gibt, der aber dem genau entgegengesetzt ist, wie die Welt ihn sieht. Es gibt eine Geschichte aus der Zeit des Buddhas, die das veranschaulicht:

Der Buddha hatte vor seiner Erleuchtung sechs Jahre im Wald meditiert. Er hatte jedoch erkannt, dass selbst die höchste Meditationsstufe ohne tiefe Einsicht nicht zum Erlöschen des Leids führt. Da aber kein Lehrer dafür zu finden war, setzte er sich unter den Bodhi-Baum im heutigen Bodhgaya in Nordindien, um dort selbständig die Erleuchtung zu verwirklichen. In der Gegend war dieser Baum dafür bekannt, dass ein Baumgeist dort wohne, der den Frauen helfen konnte, ein Kind zu bekommen. Eine Frau aus der Umgebung namens Sujāta hatte zu dem Baumgeist deswegen gebetet. Sollte sich ihr Kinderwunsch erfüllen, wollte sie eine große Opfergabe darbringen. Siehe da, sie bekam wirklich ein Kind. Nun hatte sie aber noch nicht die Gelegenheit gehabt, ihr Versprechen einzulösen. Eines Tages ging ihre Magd an dem Baum vorbei und sah den *Bodhisatta*, den sie für den Baumgeist hielt, unter dem Baum sitzen. Schnell sagte sie zu dem vermeintlichen Baumgeist: „Bitte geht nicht fort. Meine Herrin wird sofort die Gabe, die sie versprochen hat, herrichten.“ Der

Bodhisatta hatte sowieso nicht die Absicht, dort wegzugehen und blieb also ruhig sitzen. Die Magd lief eiligst nach Hause und erzählte dieses Ereignis ihrer Herrin, die sich sofort daran machte, die Gabe herzurichten. Sie war offensichtlich die Besitzerin einer großen Kuhherde, denn es heißt, dass sie hundert Kühe molk und deren Milch sie dann fünfzig Kühen zu trinken gab. Danach molk sie fünfzig Kühe und gab die Milch zwanzig Kühen; dann molk sie wiederum zwanzig Kühe und gab diese Milch einer Kuh zu trinken. Das Ergebnis davon war reine Sahne. Sie kochte Reis in dieser Sahne, richtete den Milchreis in einer goldenen Schüssel an und offerierte die Speise dem vermeintlichen Baumgeist und bat ihn, die goldene Schale zu behalten. Der *Bodhisatta* aß den Reis, nahm die goldene Schüssel an und sagte, er wolle die Schale hinter sich in den Fluss werfen. Wenn sie flussabwärts schwimme, dann würde er nicht erleuchtet werden, aber wenn sie flussaufwärts schwimme, dann würde er erleuchtet. Wir können annehmen, dass die Schale flussaufwärts geschwommen ist, denn wir wissen ja, dass der Buddha die Erleuchtung unter dem Bodhi-Baum erreichte.

Die Symbolik dieser Geschichte hat für uns alle einen wirklich wichtigen Wert. Flussabwärts mit dem Strom zu schwimmen ist der Weg der Welt. Es ist natürlich viel einfacher, sich von der Strömung treiben zu lassen. Man kommt dann nicht in Konflikt mit anderen, die behaupten, dass man in die falsche Richtung gehe. Dabei ist man auch nicht so einsam, denn die meisten Menschen wählen ja diesen scheinbar leichteren Weg. Hier kann man sich mehr gehenlassen, denn die Strömung nimmt einen ja mit. Nicht nur die Strömung der Welt, sondern vor allem die Strömung der eigenen Instinkte und Impulse, die unsere Sinnesbefriedigung zum Ziel haben. Aber wo führt uns das hin? Es treibt uns den Fluss hinunter zu dessen Delta, wo der Strom versickert und versumpft und in den Ozean mündet.

Wenn wir nun aber versuchen, stromaufwärts zu schwimmen, so ist es natürlich viel schwieriger, gegen die Strömung anzukämpfen. Man wird einsamer sein, denn viel weniger Menschen sind gewillt, sich derart zu bemühen. Da wir hier eine ganz andere Richtung eingeschlagen haben, werden wir oftmals zu hören bekommen, dass wir uns irren und einen falschen Weg gewählt haben. Aber wenn wir bis zum Ende des Stromes gekommen sind, erreichen wir seinen Ursprung, die Quelle des Seins, die vollkommen rein und lauter ist.

Der Weg zum Ursprung unseres Seins lenkt uns genau in die entgegengesetzte Richtung, die die Allgemeinheit einschlägt. In der Welt wird befürwortet, dass sich jeder Einzelne behaupten und beschützen muss und etwas darstellen soll. Anfänglich machen wir natürlich alle dabei mit; wir wissen ja nichts Besseres. Wenn wir aber einmal erkannt haben, dass das Behaupten, Werden und Sich-Beschützen-Müssen immer wieder Ängste und Unruhe bringt und uns nie erfüllt, dann ist es möglich, dass wir diesen schwierigen Weg gegen die Strömung der eigenen Instinkte und Impulse auf uns nehmen. Letztere sind viel schwieriger zu überwinden als die Meinungen und Wertschätzungen der Welt.

Wir machen einen Anfang, indem wir das Geben und Sich-Hingeben erlernen. Die Fülle des Seins und damit die Erfüllung schenkt uns Geborgenheit, sobald wir uns ohne jegliche Absonderung mit allem und in allem wiederfinden. Was können wir geben? Zeit, Geduld, materielle Gaben, unsere Fähigkeiten, Zuversicht, Frohsinn, Tröstung, Energie und all das, was wir besitzen, können wir verteilen. Fangen wir damit an, dann kommen wir zu einem Punkt, wo sich Liebe in unserem Herzen entwickelt, denn wir können nur fortfahren zu geben, wenn wir auch lieben.

Ohne Liebe ist es unmöglich, das Geben immer weiter zu vervollkommnen. Wir können anfänglich diesen Weg durch unseren Verstand einschlagen, aber er kann nur weitergeführt werden, wenn unser Herz sich auch dabei öffnet. Wozu kann sich unser Herz öffnen? Zu nichts anderem als zu unserer latenten Liebesfähigkeit, die nicht auf den Einzelnen, den wir für liebenswert halten, gerichtet ist. So liebenswert kann niemand sein, dass man ein ständiges Liebesgefühl aufgrund dieses Menschen empfindet. Wir haben bestimmt alle schon erlebt, welchen Schwankungen solch eine Liebe unterworfen ist. Aber es ist möglich, dass diese als unterschwellige Gefühlsgrundlage bleibt, wenn wir aufhören, uns zu separieren und abzusondern; uns nicht mehr als getrennte Einheit empfinden.

Wir können durch die meditative Erfahrung – und ohne Meditation wird es wohl kaum möglich sein – ein Gefühl dafür bekommen, dass alles eine Einheit darstellt, ganz gleich wie es aussieht. Ob es uns nun als Mann, Frau, Kind oder Tier, Baum, Himmel, Sterne, Sonne oder Mond erscheint, trotzdem bleibt alles eine Schöpfung. So auch wir selbst. Wenn wir dies empfinden und nicht nur intellektuell verstehen, dann erleben wir das Gefühl der Zugehörigkeit zu dieser Schöpfung. Wir sind ein Teil davon, nichts ist gegen uns gerichtet und will uns Schaden zufügen. Im Gegenteil, die Schöpfung besteht durch unsere eigene Existenz.

Wenn wir dem Ganzen unser Herz öffnen, dann können wir in diesem All, das uns umgibt, ständig unsere Liebe erneuern. Dies ist nicht ein persönliches Gefühl mit unterschiedlichen Zuneigungen und Ablehnungen. Letzteres ist auf unserem Missverständnis von Liebe aufgebaut und deswegen haben wir auch Schwierigkeiten mit unserer Herzenswärme. Wir suchen das Liebenswerte und wollen, dass es besser und schöner sei als alles andere. Das kann ein Mensch oder ein Ideal sein oder auch ein spiritueller Pfad oder irgendetwas, was wir uns ausgesucht haben, sodass wir sagen können: „Das ist es! Es ist besser und richtiger. Das liebe ich also." Aber mit dieser Haltung engen wir uns ein und können somit das Herz nicht ständig ausfüllen. Das ist nur möglich, wenn unser Herz sich zu allem öffnen kann.

Wir können in die Natur hinausgehen und uns an ihr erfreuen, wenn wir sie sehen oder mit den Händen und Füßen berühren. Aber wir können sie erst richtig erleben, wenn wir sie innerlich als das Gleiche empfinden, was wir selbst sind. Genauso geht es uns mit den Menschen. Selbst wenn wir jemanden lieben, uns mit diesem Menschen gut verstehen, uns an dem Anblick oder der Berührung erfreuen, genügt das nicht. Das ist zeitlich und gefühlsmäßig zu begrenzt, da jeder Sinneskontakt vorbeigeht. Erfüllung können wir nur erleben, wenn wir uns mit allen anderen, die uns umgeben, verbunden fühlen, d.h. keinerlei Differenzierung mehr zwischen uns selbst und der Umwelt empfinden.

Eigentlich wissen wir das, denn unsere Wissenschaftler, denen wir so gerne zuhören, erzählen uns nun schon seit Jahrzehnten, dass es im ganzen Universum keine soliden Bauklötze gibt; alles, was existiert, sind Energieteilchen, die in rasendem Tempo zusammenprallen, neue Teilchen bilden, um sich dann wieder aufzulösen. Jeder von uns ist also quasi eine optische Täuschung. Und dann ärgern wir uns noch über optische Täuschungen! Halten wir uns das einmal vor Augen, dann wird es uns vielleicht klar, wie wir wirklich gegen den Strom schwimmen können. Selbstverständlich müssen wir in der Welt so handeln, als ob wir irgendeine Person darstellten. Aber wenn wir uns immer wieder an solche universellen Wahrheiten erinnern, wird sich unser Selbst- und Weltbild ändern. Sich immer wieder an solche einschneidenden Erkenntnisse zu erinnern, bedeutet, ein spirituelles Leben zu führen. Soweit wir diese universellen Wahrheiten schon verstanden oder erlebt haben, können wir uns immer wieder vor Augen führen, dass es nur eine einzige Schöpfung gibt.

In der Vielfalt der Schöpfung existiert natürlich das Gute und das Schlechte; aber wir sind nicht zum Richten darüber aufgerufen, sondern zum Dienen und Lieben. Nur auf diese Weise können wir Erfüllung finden. Solange wir uns als Richter über uns und andere fühlen (fast jeder fühlt sich dazu berufen), solange gibt es kein inneres Glück. Höchstens kann es einmal momentan hochkommen und dann wieder entschwinden. Aber in dem Moment, indem wir uns in der Einheit des Lebens eingebettet fühlen, haben wir die Grundlage für inneren Frieden geschaffen. Wenn wir uns immer wieder daran erinnern, dass nichts anderes existiert als diese Einheit und uns immer wieder dazu aufrufen (kein anderer kann es für uns tun), diese Einsicht in uns zu verwirklichen, dann werden wir allmählich ein Gefühl der Erfülltheit in uns verspüren. Dieses Erfülltsein des Herzens bedeutet reine Liebe.

In dem Moment, wo das Herz nicht nur beurteilt, sondern verurteilt, Ärger, Hass, Ablehnung, Angst, Furcht, Eifersucht, Stolz oder Machtansprüche signalisiert, sind wir schon wieder in der Strömung des Flusses gefangen, die uns in den Sumpf des Flussdeltas führt. Solange wir uns erinnern, dass wir nichts weiter als ein Teil der Schöpfung sind, sind wir auf dem Weg zur Quelle. Stromaufwärts, in der Nähe der Quelle, wird das Wasser immer klarer, und es herrscht hier viel mehr Ruhe. Diese Klarheit hilft uns, uns selbst deutlicher zu sehen.

Der Mensch, der sich ein spirituelles Leben wünscht, braucht die innere Sehnsucht als Antrieb, denn er muss wissen, dass er Erfüllung sucht. Das Vollkommene ist gut und einfach, es versucht nichts zu besitzen, sondern alles zu geben. Das ist das Hohelied der Menschheit. Wir haben die Fähigkeit, uns der Schöpfung, der gesamten Existenz, hinzugeben, unsere menschlichen Probleme zu transzendieren und ein Mensch voll innerer Reinheit zu werden. Dieses Hohelied der Menschheit hat in jedem Jahrhundert existiert. Die Mystiker aller Religionen haben es immer wieder gesungen und den Weg dorthin gezeigt, aber jeder Einzelne von uns kann den Weg nur selbst beschreiten. Allein den Zugang zu finden, ist nicht einfach. Es bedeutet das Loslassen von dem tief eingeprägten Gefühl der eigenen Wichtigkeit, was uns dann in das All-Sein hineinführt. Das ist der Weg, den uns die

Mystiker aller Zeiten gezeigt haben und immer haben es einige Menschen nachvollziehen können. Diese Fähigkeit zeigt den Menschen in seiner imposantesten Struktur.

Die Sehnsucht, die wir im Herzen tragen, führt uns genau dorthin. Wir sehnen uns ja danach, das niedere Menschentum hinter uns lassen zu können. Unterschwellig wissen wir, dass wir genau das suchen, aber oft geben wir es nicht zu. Es fällt uns schwer, so ehrlich gegenüber uns selbst zu sein, und der Alltag lenkt uns immer wieder davon ab. Aber was ist denn schon zu erledigen? Das Wichtigste ist wohl für jeden das Überleben. Das schafft aber sowieso keiner von uns. Dafür allzu viel Energie aufzuwenden, ist verschwendete, kostbare Zeit.

Der Buddha hat ein Gleichnis über das Menschsein hinterlassen, das vielleicht von Interesse ist: Er ging einmal mit seinen Mönchen am Strand des Meeres spazieren und sagte zu ihnen: „Stellt Euch vor, dass in den Weltmeeren eine blinde Schildkröte schwimmt und außerdem auch ein hölzernes Joch. Diese blinde Schildkröte kommt alle hundert Jahre einmal hoch, um nach Luft zu schnappen. Glaubt Ihr, dass es möglich ist, dass sie dann ihren Kopf durch das hölzerne Joch stecken könnte?“ Die Mönche erwiderten: „Nein, das ist absolut unmöglich, dass beide sich an derselben Stelle und zur gleichen Zeit in den Weltmeeren befinden." Der Buddha antwortete darauf: „Es ist unwahrscheinlich, aber nicht unmöglich. Dieselbe Unwahrscheinlichkeit gilt auch für die Geburt eines menschlichen Wesens, vor allem für einen Menschen mit allen Gliedern und Sinnen intakt, dem außerdem noch die Möglichkeit gegeben ist, die wahre Lehre zu hören." Wenn wir daraus entnehmen, was wir für eine wunderbare Gelegenheit in diesem Leben haben, dann könnte uns dies eventuell dazu verhelfen, das Materielle und das Weltliche, was uns natürlich zeitweilig beschäftigen muss, nicht mehr als so wichtig und als das Einzige anzusehen, sondern es könnte uns dazu anspornen, unseren Weg zur Erfüllung des Herzens zu finden. Der Weg dorthin ist nicht einfach, aber wenn wir diese Gelegenheit des Menschseins ausnützen wollen, um das höchste Ideal eines Menschen zu erreichen, dann wird diese Feststellung des Buddha uns vielleicht ein Ansporn sein.

Die innere Läuterung ist der Pfad zum Ursprung der Quelle, dem Ursprung des Seins. Des Buddhas Lehre wird auch manchmal „der Weg der Läuterung" genannt. Wir lernen, davon Abstand zu nehmen, das Ich, das immer werden, bekommen und haben will, als Mittelpunkt allen

Geschehens anzusehen. Wir beginnen, das Ich als etwas Veränderliches zu betrachten, das geläutert werden kann. Statt etwas zu bekommen, kann es geben und sich hingeben, sodass es sich eines Tages in die Ganzheit einfügt, ohne Mittelpunkt sein zu wollen.

Dieses menschliche Leben ist aber auch sehr begrenzt; sechzig, siebzig, achtzig Jahre, vielleicht etwas länger und dann ist es vorbei. Wie können wir diese kurze Zeit am besten verwenden? Was können wir mit uns tun? Wie weit können wir von den voreingenommenen Meinungen und Ansichten loslassen, vom Weg der Welt, und uns dem Fluss des Seins hingeben? Wenn wir nur einen Moment probieren, von etwas loszulassen, was wir unbedingt wollen und dann erkennen, dass es nicht sein muss, dass es auch ohne dies geht, dann bekommen wir einen Vorgeschmack davon, was Loslassen für uns bedeuten kann.

Das ganze spirituelle Leben bedeutet im Grunde genommen nichts anderes als Loslassen. Es handelt sich nicht darum, etwas zu bekommen. Das erste und Wichtigste wäre einmal, damit anzufangen, unsere vorgefassten Meinungen und Ansichten, die wir so gerne verfechten, loszulassen. Stattdessen könnten wir mehr auf unsere innere Stimme horchen, die allmählich lauter und deutlicher werden wird, und die ein jeder in sich hat. Wir haben Schwierigkeiten, sie zu hören, weil unser ständiges Denken so viel inneren Lärm verursacht, dass wir davon betäubt werden. Von morgens bis abends denken wir, von abends bis morgens träumen wir. Wer kann bei so viel Aktivität noch nach innen horchen?

Durch die Meditation ist es möglich, einmal mit dem Denken aufzuhören und mit dem Erleben anzufangen. Sobald das geschieht, sind Vergangenheit und Zukunft momentan ausgelöscht, und wir erleben effektiv den jetzigen Moment. Das Interessante, das uns dann klar wird, ist, dass es gar keinen anderen Moment gibt. Die Vergangenheit ist längst vorbei, und die Zukunft ist nichts als eine Hoffnung. Sie gibt es in Wirklichkeit nicht. Wenn nämlich die Zukunft einmal existiert, dann heißt sie Gegenwart. Erst wenn wir aufhören zu denken, können wir jeden einzelnen Moment und dadurch die Fülle des Seins erleben. Wenn wir wirklich präsent sind, dann sind Zukunft oder Vergangenheit in unserem Leben gleichgültig, denn es gibt nur einen erlebbaren Moment.

Meditativ ist es möglich, mit dem Denken aufzuhören. Auch in einer außergewöhnlichen Situation kann es uns passieren, dass das Denken einen Moment aufhört;

zum Beispiel, wenn wir am Meer stehen und die unendliche Weite des Meeres erleben, die mit dem Himmel verschmilzt. Das kann uns derart faszinieren, dass wir uns einen Moment nur diesem Gefühl hingeben. Aber sicherlich fängt der Geist bald wieder an, sich zu äußern und Erklärungen abzugeben. Solche Momente dauern jedoch in der Meditation länger an und sind uns jederzeit zugänglich. Das bedeutet natürlich nicht, dass das Denken dadurch nicht zu seinem Recht kommt, sondern dass wir die Innenwelt, die wir alle in uns tragen, einmal zu Wort kommen lassen.

Obwohl wir vielleicht alle meinen, dass wir unser Leben erdenken können, so ist das eine Fehlspekulation. Durch die Meditation fühlen wir unser Leben in seiner innersten Essenz. Was wir uns darüber zusätzlich ausdenken, sind unsere Ansichten und Meinungen. Diese Möglichkeit, unser Innenleben einmal zur Sprache kommen zu lassen, existiert nur, wenn wir unsere Denkarbeit einmal unterbrechen. Es hört sich vielleicht einfacher an, als es ist. Jeder, der es versucht, wird aber mit einigen Schwierigkeiten konfrontiert werden, die auf seine Gewohnheiten und Ichbezogenheit zurückzuführen sind. Dennoch ist es der einzige Weg, um zu tieferem Erkennen zu kommen. Wenn die innere Sehnsucht stark genug wird, und wir wissen, dass die Welt sie uns nicht erfüllen kann, kommt der Moment, wo uns klar wird, dass wir uns selbst ändern müssen.

Dann nehmen wir uns vielleicht vor, nicht mehr etwas bekommen zu wollen, sondern uns hinzugeben. Hier erleben wir dann den Umbruch in unserer Lebenseinstellung. Wenn wir uns nicht wenigstens zeitweilig hingeben können, ist es unmöglich mit dem Denken aufzuhören, denn das Denken bestätigt unsere Ich-Illusion. Solange wir denken, haben wir die Bestätigung, dass wir jemand sind. Aber in dem Moment wo wir gewillt sind, uns hinzugeben, wird Meditation möglich. Dadurch haben wir uns den Weg zur Herzensöffnung gebahnt, wo uns das Erleben des Eins-Seins leichter fällt und somit unser ganzes Leben eine neue Richtung erfährt. Die innere Schwere ist aufgehoben, und das liebende Herz wird unser Mittelpunkt.

Wir können dann unsere Zusammengehörigkeit tief in uns spüren. Wenn wir gewillt sind, uns hinzugeben, ist es möglich, die Erfüllung in uns selbst zu finden. Diesen Weg sind die Mystiker aller Zeiten gegangen. Und hierin sind sich alle spirituellen Meister einig, wenn sie sagen: „Gebt Eure Ichbezogenheit auf. Nur wer sein Leben hingibt, kann das ‚Ewige Leben‘ gewinnen.“

Leider ist es dennoch schwer zu verwirklichen. Hingabe ist nicht einfach. Wieso ist das so? Wir sind misstrauisch, und wir haben Zweifel. Es könnte etwas Falsches sein, dem wir uns anvertrauen. Sich der Schöpfung, dem All, ohne Rückhalt auszuliefern und in dem Strom des Seins zu fließen, kann uns jedoch nur zum Glück führen. Wir sind intelligente Menschen, und dies zu verstehen, ist nicht so schwierig, aber es nachzuvollziehen benötigt viel Willens- und Entschlusskraft. Aber die Schwierigkeit ist eine Herausforderung und ihr einmal Rechnung zu tragen, ermöglicht uns, ein ganz anderes Innenleben kennenzulernen. Woran die Welt festhält, kann uns dann nicht mehr berühren, denn wir fühlen eine Befreiung des Herzens und des Geistes. Der Weg des Buddha ist der Weg der Erlösung. Jeder spirituelle Weg muss ein Weg der Befreiung sein, des Loslösens von der Schwere und den Schwierigkeiten, die die Menschen, solange sie an ihrem eigenen Ich unwiderruflich festhalten, plagen.

Liebende-Güte-Meditation
(Geliebtester Mensch)

Um anzufangen, lenken wir unsere Achtsamkeit für ein paar Momente auf den Atem.

~ ☸ ~

Wir wollen an unseren geliebtesten Menschen denken und dieses Gefühl in unserem Herzen erleben, sodass wir genau wissen, wie es sich anfühlt. Können wir diesen geliebtesten Menschen umarmen, ihm unser Herz schenken, ohne dass wir Angst haben, ihn zu verlieren?

Können wir uns selbst mit dem gleichen Gefühl wie für den geliebtesten Menschen umhüllen und anfüllen, uns darin behütet und beschützt fühlen?

~ ☸ ~

Und wir richten die Achtsamkeit auf die Person, die uns am nächsten ist, und schenken ihr das gleiche Gefühl, das wir für unseren geliebtesten Menschen haben. Es ist so stark in unserem Herzen, dass wir es noch immer empfinden und verschenken können, ohne einen Unterschied zu machen.

~ ☸ ~

Jetzt denken wir an unsere Eltern, ob sie noch leben oder nicht. Wir schenken ihnen unsere Herzenswärme und das Gefühl des Umarmtseins, des Sich-geben-Wollens. Wir füllen ihr Herz damit und spüren, wie es sie und uns beglückt.

~ ☸ ~

Und wir denken an Menschen, die uns nahestehen, mit denen wir vielleicht zusammenleben. Das Gefühl für unseren geliebtesten Menschen ist in unserem Herzen verankert – wir können es verschenken, ohne Angst zu haben, einen dieser Menschen zu verlieren.

Wir verschenken unser Herz und können spüren, wie diese Hingabe Herz und Geist erweitert, die Härte von ihnen nimmt und sie weich und geschmeidig macht.

~ ☸ ~

Nun denken wir an all unsere Freunde, Bekannte, Verwandte, wer immer uns in den Sinn kommt. Wir lassen das Gefühl für unseren geliebtesten Menschen wieder hochkommen und verschenken das gleiche Gefühl an jeden von diesen anderen Menschen. Wir fühlen uns ihnen nahe, zusammengehörig, vertrauensvoll und anerkennend zugetan und spüren ganz deutlich, wie das Gute noch mehr Gutes mit sich bringt.

~ ☸ ~

Wir denken an die Menschen, denen wir im Alltag immer wieder begegnen – Nachbarn, Arbeitskollegen, Schüler, Patienten, Lehrer, Verkäufer, Postboten, wer immer uns in den Sinn kommt.

Dieses Gefühl für unseren geliebtesten Menschen ist in uns stark verankert und so können wir es zu all den Menschen hinfließen lassen, an die wir denken. Ein warmes, weiches Gefühl aus unserem Herzen, das Liebe verbreitet.

~ ☸ ~

Dann denken wir an einen oder mehrere schwierige Menschen in unserem Leben, mit denen wir nicht so gut auskommen – die wir vielleicht abgelehnt haben und mit denen wir im Streit leben.

Das Gefühl, das wir für unseren geliebtesten Menschen empfinden, lassen wir voller Wärme, Zuneigung und Hilfsbereitschaft zu diesen schwierigen Menschen hinfließen. Wir umarmen sie fürsorglich und sehen, wie die Schwierigkeiten sich auflösen.

~ ☸ ~

Jetzt öffnen wir unser Herz soweit es uns möglich ist und finden darin die Liebesfähigkeit, die Herzenswärme, das Verschenken unserer selbst. Dieses Gefühl lassen wir aus unserem Herzen herausfließen, gleich einem goldenen Strom, zu den Menschen nah und fern. Erst zu all denen, die hier versammelt sind.

Dann weiter zu all denen, die hier im Haus zu finden sind. Und immer weiter und weiter über die Städte und Dörfer, wie ein goldener Strom, der über die Ufer tritt und überall, wo er Menschenherzen berührt, Liebe verschenkt.

Und weiter hinaus, über das ganze Land, zu den angrenzenden Ländern und zu den Menschen, die dort zu finden sind. Über die Ozeane hinaus, in andere Erdteile.

Dieser goldene Strom hat keine Begrenzungen, er fließt zu allen Tieren auf dem Land, im Wasser und in der Luft, zu der Natur um uns herum, ein Gefühl der Wärme und der Zusammengehörigkeit mit allem, was um uns herum existiert.

~ ☸ ~

Dann richten wir die Achtsamkeit wieder auf uns selbst. Wir spüren das Gefühl der Herzenswärme, der Fürsorge, der Liebe und Hingabe in unserem Herzen. Wir füllen und umhüllen uns damit, empfinden das Glück, das es uns bringt und fühlen uns ganz und gar davon beschützt und behütet.

~ ☸ ~

Mögen alle Menschen ihre Liebesfähigkeit zur Blüte bringen!

Glossar

Die folgenden Pāli-Wörter enthalten Konzepte und Ideen, für die es im Deutschen keine entsprechenden Synonyme gibt. Die Erklärung dieser Ausdrücke sind dem „Buddhistischen Wörterbuch“ von Nyāṇatiloka Mahāthera entnommen.

Anattā

Nicht-Selbst, Nicht-Ich oder Substanzlosigkeit von allem, was existiert. – Die Lehre von *Anattā* besagt, dass es weder innerhalb noch außerhalb der körperlichen und geistigen Daseinserscheinungen irgendetwas gibt, das man als eine für sich stehende unabhängige Persönlichkeit bezeichnen könnte.
– Eines der drei Daseinsmerkmale.

Anicca

Vergänglichkeit, ist eine Grundeigenschaft aller bedingten Vorgänge, seien sie körperlich oder geistig, grob oder fein, in der Innen- oder Außenwelt.
– Eines der drei Daseinsmerkmale.

Arahat / Arahant

Ein „Vollkommen Erleuchteter“, der von allen Fesseln frei ist. Die höchste Stufe der Heiligkeit.

Bodhisatta

Erleuchtungswesen, ein zur Buddhaschaft bestimmtes Wesen, ein zukünftiger Buddha.

Buddha

Der „Erwachte“ und „Vollkommen Erleuchtete“, ist ein durch eigene Kraft und Erkenntnis zur höchsten Erleuchtung gelangter Mensch, der ohne Belehrung durch andere, also ganz aus sich selbst, die → *Vier Edlen Wahrheiten* erkannt hat und sie der Welt verkündet.

Dhamma

Die Lehre des Buddha, Naturgesetz, Gesetz, Wahrheit. – Der *Dhamma* als das vom Buddha erkannte und verkündete Gesetz ist zusammengefasst in den → *Vier Edlen Wahrheiten.*

Dukkha

Leiden, Leidunterworfensein, Unbefriedigtsein, Unzulänglichkeit. – Eines der drei Daseinsmerkmale und die erste der → *Vier Edlen Wahrheiten.*

Karma (skrt.)/Kamma

Wörtl. Wirken, Tat, bezeichnet die heilsame oder unheilsame Absicht, die hinter unseren Gedanken, Worten und Taten steht. *Karma* bedeutet also keineswegs das Ergebnis des Wirkens oder das Schicksal von Menschen oder ganzen Völkern.

Khandhas

Die Daseins- oder Anhaftungsgruppen, nennt man die fünf Gruppen, aus denen ein Mensch besteht: Körper, Gefühl, Wahrnehmung, Geistesformationen und Sinnesbewusstsein, d.h. der Körper und die vier Teile des Geistes.

Mettā

Liebende Güte, bedingunsglose Liebe, ist eine der vier Göttlichen Verweilungszustände. Die anderen drei sind: Mitgefühl, Mitfreude und Gleichmut.

Nibbāna

Wörtl. nicht-brennen, ist das höchste Ziel allen buddhistischen Strebens, die endgültige, restlose Befreiung aus der Daseinsrunde, von allem künftigen Wiedergeborenwerden, Altern und Sterben, Leiden und Elend.

Rūpa

Körperlichkeit

Sankhāra

Gestaltung, Bildung, bezeichnet sowohl die Tätigkeit des

Gestaltens als auch den passiven Zustand des Gestaltetseins, das Gestaltete, das Gebilde, *Karma*-formationen in Gedanken, Worten und Taten.

Saññā

Wahrnehmung; eine der das Dasein ausmachenden fünf Gruppen von Daseinserscheinungen → *Khandha*s.

Sotāpanna

Stromeingetretener; die erste der vier Stufen der Heiligkeit auf dem Weg zur Verwirklichung des → *Nibbāna.*

Vedanā

Gefühl; eine der fünf Daseinsgruppen → *Khandhas.*

Viññāna

Bewusstsein; eine der fünf Daseinsgruppen → *Khandhas.*

Wahrheiten, Vier Edle

1. Existenz ist *Dukkha*.
2. Der Grund dafür ist Begierde.
3. Es gibt ein Ende von *Dukkha*, das → *Nibbāna* heißt.
4. Der Weg, der dorthin führt, ist der Edle Achtfache Pfad.

Lebenslauf Ayya Khema

Die Ehrw. Ayya Khema wurde als Kind jüdischer Eltern 1923 in Berlin geboren. Mit 15 Jahren musste sie mit einem Kindertransport vor den Nazis nach Schottland und anschließend nach Shanghai fliehen.

Später heiratete sie, bekam zwei Kinder, lebte in den USA und in Australien. Während ihrer zweiten Ehe bereiste sie Südamerika und Asien, wo sie mit der Lehre des Buddha in Berührung kam. Sie ließ sich schließlich mit 56 Jahren in Sri Lanka zur Nonne ordinieren.

Auf ihre Initiative wurde 1989 das Buddha-Haus und ein Jahr später der Jhana Verlag gegründet. 1997 entstand das Waldkloster Metta Vihara im Allgäu.

Ayya Khema hatte die Fähigkeit, aus der Tiefe ihrer Erfahrung heraus, die buddhistische Meditation und die Lehre des Buddha in klare und einfache Worte zu fassen und so die Herzen der Menschen im Innersten zu berühren.

Sie war eine der größten Mystikerinnen des letzten Jahrhunderts und starb 1997 im Buddha-Haus.

Das Buddha-Haus ist ein buddhistisches Seminarzentrum und liegt etwa 130 km südwestlich von München in den Allgäuer Voralpen. Hier finden Meditationskurse für Anfänger und Geübte statt, die von erfahrenen Lehrenden geleitet werden, insbesondere die in der Tradition von Ayya Khema lehren.